传说作文

林传泽 著

江苏凤凰文艺出版社
JIANGSU PHOENIX LITERATURE AND
ART PUBLISHING

图书在版编目（CIP）数据

传说作文 / 林传泽著 . — 南京 : 江苏凤凰文艺出版社 , 2021.1
ISBN 978-7-5594-5411-9

Ⅰ . ①传… Ⅱ . ①林… Ⅲ . ①汉语 – 写作
Ⅳ . ① H15

中国版本图书馆 CIP 数据核字 (2020) 第 227320 号

传说作文

林传泽　著

出 品 方	九志天达
责任编辑	白　涵
营销编辑	俞方远　黄志瑛　袁　磊
版式设计	孙　波
执行美编	李沛函
出版发行	江苏凤凰文艺出版社
	南京市中央路 165 号，邮编：210009
网　　址	http://www.jswenyi.com
印　　刷	三河市金泰源印务有限公司
开　　本	690mm × 980mm 1/16
印　　张	15
字　　数	167 千字
版　　次	2021 年 1 月第 1 版
印　　次	2021 年 1 月第 1 次印刷
书　　号	ISBN 978 - 7 - 5594 - 5411 - 9
定　　价	39. 80 元

Preface

序言

热血·情感·技巧

首先定个调，我们这本小书，交流的是学生的应试写作，当然我希望能高于应试，至少能以文学的方式来应试。

王国维在《人间词话》中说："尼采谓一切文学余爱以血书者。后主之词，真所谓以血书者也。"

为什么热血写就的书动人？因为要想动人，自己首先应该是激动的。一个激动的人必然是血往上涌的状态，曹雪芹在自题《红楼梦》的《回前诗》中表达自己创作态度时，用的是"字字看来皆是血，十年辛苦不寻常"；鲁迅在《自题小像》中表达对中华民族的深爱时，用的是"我以我血荐轩辕"……在这种血往上涌的状态下，文学作品不是刻意为之，而是自然地流出，甚至是喷涌而出。正如《毛诗序》中说："诗者，志之所之也。在心为志，发言为诗。情动于中而形于言，言之不足，故嗟叹之，嗟叹之不足，故咏歌之，咏歌之不足，不知手之舞之，足之蹈之也。"

所以，一个人为什么要写作？因为正如洪水堵是堵不住的一样，内心中有情感涌动，不发泄出来是不行的。发泄的方式有许多，说是一种方式，说还不足以发泄，那就嗟叹！嗟叹还不够，那就唱出来！中国最早的文学作品，不就是唱出来的诗歌吗？如果还不够，那就不知不觉地手舞足蹈起来。这手舞足蹈不就是血往上涌的结果吗？“言”“嗟叹”“咏歌”“手舞足蹈”这些行为都是现象，驱动这些现象的是喷涌的热血，而喷涌的热血又是情感驱动的。

那么，每一位要提笔写作的人，都应该先问自己一个问题：你现在想写的东西，真的是你想写的吗？真的是内心即将喷涌而出，不写不行的情感吗？

我想，恐怕大部分人——尤其是面对应试写作的学生——的回答都是否定的。

因为，但凡是应试，必有限定，而这个限定中，学生是否有真实的情感可以写？是否敢写真实的情感？是否有能力把真实的感情写出来？

这是一个多么残酷而又悲哀的事实！

怎么解决呢？我试着针对上面三个“是否”，和大家交流一下我在教学过程中的想法和做法。

□ 是否有真实的情感可以写？

这个问题，又有两个方面，其一是写作者情感是否丰富？我们常听人说某某人情感特别丰富，我们也常听人说某某人冷漠无情或是没有激情！看来人的情感丰富程度，确实是有差异的。有人会说，可能有些人就是不善于表达情感，我想说，内心中只要有情感的积蓄，就一定会以某种形式表现出来。没有表现出来，那就是还不够丰富。

是什么决定了情感的丰富程度呢？除了基因之外，最重要的恐怕是生活经历吧。亲如母子，如果从小都没有生活在一起，某一天相认，孩子的表现，都会让人感觉，仿佛对母亲没有什么感情。看来，增加生活经历，是丰富情感的重要方式。正如金庸小说《神雕侠侣》里的小龙女，从小生在古墓，长在古墓，成长经历中，见过的物，只有古墓里的物；见过的人，只有古墓里她的师父和师姐。于是，她给人的感觉就是一个没有什么情感的人。至于后来她的情感变丰富了，那不正是因为生活的经历丰富了吗？

所以让学生多经历生活中的人与事，是丰富情感的重要方式，多交友，多参加实践活动，多旅游……

可是，有些家长没少带孩子旅游，但好像孩子情感还是不大丰富，这是为什么呢？恐怕是走马观花了，所谓“读万卷书，行万里路”，为何读书放在行路前？因为带着“问题”旅游，会更敏感一些。《未来简史》的作者赫拉利说：“知识等于体验乘以敏感度。”这句话是真有道理。经历不也是一种“知识”吗？如果一个人敏感度为零，那此人纵然游遍全球，恐怕收获也是零。在书中发现问题越多的人，在生活中体验时，敏感度肯定是越高的。这样的人，情感丰富的概率高。若要写文章，就可能有更多情感可以写！

□ 是否敢写真实的情感？

有了丰富的情感，是否敢于写出来呢？

比如学生遇到“我与语文的故事”这个话题，会写什么故事呢？很多同学，其实内心真实的情感可能是：我真的不喜欢语文。可是，有几个人敢这样写呢？

再比如学生遇到“我最喜欢的一件事”这个话题，会写什么事呢？很多同学，其实内心真实的情感可能是：我最喜欢的事，真的是玩哦。可是，有几个人敢这样写呢？

那在这种情况下，我们应该鼓励学生写真实的情感，还是说假话呢？

我相信没有老师会愿意鼓励学生说假话。但是，为什么遇到青春类话题，会有一半的学生写跑步？为什么遇到成长类话题，会有很多学生写演讲？为什么遇到实践类话题，会有那么多学生写在博物馆当解说员？

不是说这些选材不能写，我只是想问几个问题：当学生们老了，回首青春时，他们回忆起的常常是跑步的场景吗？在学生十多年的寒窗苦读里，有几个曾经当众演讲过？大家在各地博物馆里，遇见过多少位学生解说员？

看到这里，你笑了吗？如果笑了，笑容里是否带有一丝阴霾？

许多同学可能忽然领悟了，难怪几乎所有作文题都会强调一个写作要求：写出真情实感。

多么无奈的强调啊！多么痛的领悟啊！

有解决方法吗？

有啊！任何一种情感都有积极的一面，让学生学会关注真实情感的积极的一面，鼓励学生写出来，写作本身也是一个自我净化的过程。多关注多强化积极的情感，消极的情感也会被慢慢遗忘。孔子说他自己“七十而从心所欲不逾矩”，因为他已经和“矩”融合了，起心动念，举手投足之间，全是合矩的。学生们遇到任何作文题，如果每一个发自内心的想写的情感，都是积极的，那怎么会不敢写真实的情感呢？

□ 是否有能力把真实的感情写出来?

上海多年前有一道高考作文题：人们对自己心灵中闪过的微光，往往会将它舍弃，只因为这是自己的东西。而从天才的作品中，人们却认出了曾被自己舍弃的微光。

这道题有很多角度可以写，我现在举它为例，不是为了讨论这题应该怎么写，只是想引用其中的一句话，“从天才的作品中，人们却认出了曾被自己舍弃的微光”。

此刻的你，陷入沉思了吗？我们是不是常常在天才作家的作品中，看到自己的影子？我们被文学作品打动时，是不是常常不仅是感慨于作者或是里面的人物，而是感慨于自己？我们是不是常常在读文学作品时，停下来回首自己的往事？……我们明白了，我们自己的某个情感或是某类情感不是不够浓烈，不是不够深刻，而是我们没有能力很好地表达出来。怎么办？

到了这一步，就需要技巧了。技巧从哪来？古人说：读书破万卷，下笔如有神。是不是“破万卷”了，下笔就“如有神”了呢？答案是：没错！

万卷都是好书吗？读了好书，写作水平有可能提高，大家可以理解，那如果读了很多的坏书，写作水平会不会被坏书影响呢？

这仿佛是一个问题。但有句话叫“不怕不识货，就怕货比货”。一个人如果真的能“破万卷”，那必定也是读到许多好书了，好书和坏书一对比，高下立见。一个正常的人，一个有理智的人，在读过好书之后，应该不会再沉醉于坏书了。曾经沧海难为水嘛。

但是！

有几个人“破万卷”了呢?

现在学生，面对的是繁重的课业负担和指数型增长的世间诱惑，有几个人有时间“破万卷”呢?没时间“破万卷”，读到的书又可能不是好书，那么，基本没几个学生下笔“如有神”就是再正常不过的事了。

于是，大家基本能达成共识：在有限的时间里，多读好书。

好书坏书如何区分?这个问题太大，见仁见智。但能经得起时间考验的书，好的可能性大一些。

时间有限，如果是为了提高写作能力，那读书的目的性就要强一些了。要能刻意地从阅读中，寻找写作者运用的技巧!这其实对读者来说，是有相当大的难度的。不但要知道技巧大致有哪些，而且必须足够敏感。这要经过刻意的训练，才能在正常的阅读中，不断地发现技巧，在不断地发现技巧的时候，强化对技巧的认知，进入良性循环。其实同学们从小到大一直在做的各种阅读题，就是各种技巧的载体。可惜大部分同学，始终没有意识到做阅读题其实是为了练写作。于是读和写被割裂开，结果就是，心里可能有着丰富的真实的感情，却表达不出来。

本书就试图探索这个问题的解决办法。用刻意训练的方式，从阅读大众比较认可的好作品入手，思考该作品所运用的写作技巧对我们写作的启发，再用学生们的真实的习作，强化这些技巧的运用。

所以，本书的主体部分，就是：读写迁移。

陆游曾对他孩子说：“汝果欲学诗，工夫在诗外。”这本小书讲不了这“诗外”的内容，只能在“写作技巧”层面与同学们交流“读写迁移”。

读的是名家的作品，实践产生的是学生的习作。学生的习作肯定还有各种不完美的地方，但希望能对更多的朋友有所启发：原来，名家用的各种技巧，学生也是可以学着在习作中实践的。

最后，感谢杨抒婧和陈晓烨两位同朋，对本书的选文及命名提出的宝贵建议！

二〇二〇年四月二十三日

林传泽写于北京四季青花间草堂

目录

Contents

上篇

读写迁移 阅一知十

下篇

同题异构 别裁旁通

Contents

上篇

读写迁移 阅一知十

引子

大家都说，要想写好作文，必先大量阅读。

但是！

很多家长和同学都感慨：为什么进行了大量阅读，写作水平却一点都没有提升呢？

很多同学说这话时，已经不仅仅是疑问了，简直就是在质问！因为太多人告诉他们：要写好作文，就要多阅读。

但是，为什么读了很多书，却依然写不好作文呢？其实核心原因就是没有做到“阅一知十”！

我们很多人的阅读，都是休闲式阅读；我们很多同学，都喜欢读故事书。这样的阅读，关注的都是故事情节，根本不可能有意识地去体会作者的写作技巧！也难怪，好看的故事书，情节都是引人入胜的，如《三国演义》《西游记》《射雕英雄传》……还有很多我不想一一列举的科幻小说。我们确实很难强求学生在读这些书的时候，停下来理性分析作者的写作技巧。所以，问题就来了：看了一大堆书，视力可能下去了，写作水平却没有上去。

因此，如果要想通过阅读提高写作水平，就一定要停下来，理性研究、分析作者的写作技巧，必须刻意训练出这个意识。别人读一本小说，可能读到的是情节和精神，这只是“阅一知二”；我们读一本小说，既要读到情节和精神，还要读到写作技巧，比如表现手法，比如表达方式，比如修辞手法，还要读到文化，甚至还要读到小说作者与其他时代、其他国家的文化差异……这叫“阅一知十”。

孔子曾经问子贡：“女与回也孰愈？”子贡说自己怎么有资格与颜回相比？子贡说他自己“闻一以知二”，但颜回“闻一以知十”。孔子非常赞同子贡的观点，可见“闻一以知十”有多么重要！“阅一知十”也是如此。

本篇试图通过一些例子，介绍一下对“阅一知十”的“读写迁移”这个意识的刻意训练，希望能起到抛砖引玉的作用。

第一章　表达方式

表达方式通常是同学们学习写作，最先接触到的写作技巧，主要有五类：记叙、说明、议论、描写、抒情。本章主要选取“描写”为例，为何选它？因为同学们的作文里，最经常看到的评语恐怕就是：“描写不够！”

描写的作用有多大，我们打个比方：

大家都喜欢看电影，其实电影通常都有剧情简介的，我们光看剧情简介，可能未必对电影产生兴趣，但是，看完电影之后，可能我们的情绪会久久不能平复，甚至把某部剧情已经非常熟悉的电影反复看上好几遍。所以，电影吸引我们的，不仅仅是剧情，还有很多因素，比如情感的铺垫和升华，比如画面感，比如个性化的语言，比如人物内心的细微变化……我们的作文，如果是记叙类的文章，都有一个或多个故事在里面，但光有故事，是不足以吸引读者的。就像电影一样，作文也需要情感的铺垫和升华，也需要画面感，也需要个性化的语言，也需要人物内心的细微变化的展示……

所以，我常常和同学们说，遇到一个故事如果不知道如何写得更加丰满，就想想是否曾经看过类似故事的电影或电视剧，如果看过，就努力把影视剧里的手法多多迁移进作文里。于是，我们会发现，平时看电影或电视剧，在休闲享受之后，我们确实应该想一想，影视剧里的哪些手法可以迁移进作文。陆游在写给第七子陆遹的诗中说：“汝果欲学诗，工夫在诗外。”看来此言不虚啊！高效地看影视剧也能提高写作水平。

第一节 错觉描写

迁移之源

社戏（节选）

鲁 迅

两岸的豆麦和河底的水草所发散出来的清香，夹杂在水气中扑面的吹来；月色便朦胧在这水气里。淡黑的起伏的连山，仿佛是踊跃的铁的兽脊似的，都远远地向船尾跑去了，但我却还以为船慢。他们换了四回手，渐望见依稀的赵庄，而且似乎听到歌吹了，还有几点火，料想便是戏台，但或者也许是渔火。

那声音大概是横笛，宛转，悠扬，使我的心也沉静，然而又自失起来，觉得要和他弥散在含着豆麦蕴藻之香的夜气里。

那火接近了，果然是渔火；我才记得先前望见的也不是赵庄。那是正对船头的一丛松柏林，我去年也曾经去游玩过，还看见破的石马倒在地下，一个石羊蹲在草里呢。过了那林，船便弯进了叉港，于是赵庄便真在眼前了。

迁移启示

老子说："反者，道之动。"曹雪芹说："假作真时真亦假，无为有处有还无。"这物极必反的道理，用在文学中，真的是有奇效，比如错觉描写。

《汉语大词典》对错觉的定义是："对客观事物的不正确的知觉。"对客观事情的知觉可能是错的，可是，它反映出的产生知觉的主体人的感觉是真的！我们常说的"一切景语皆情语"，其实就是西方心理学所谓的"心理投射效应"。人把主观的情感投射到客观环境中，就会对客观环境产生错觉。我们通过这个错觉，自然也容易溯流而上，感知到人的主观情感。

上文是鲁迅的《社戏》的节选。短短二三百字，里面大量写到了错觉。“淡黑的起伏的连山，仿佛是踊跃的铁的兽脊似的，都远远地向船尾跑去了”，这是第一个错觉，因为船行得快，所以鲁迅产生了“连山”向“船尾跑去”的错觉。这个错觉能够让我们直观地感觉到船行得很快！紧接着是第二个错觉：“但我却还以为船慢”。这个错觉就更妙了，明明船行得快，为什么鲁迅觉得慢呢？原来鲁迅看社戏的心情过于急切，所以觉得船慢！完了没有？没有！第三个错觉又来了：“还有几点火，料想便是戏台”。明明是渔火，鲁迅却错觉为戏台，还是因为看社戏的心情过于急切！我们读到这里，真的仿佛身临其境地感受到了鲁迅焦急的心情。

但是，光写一个“急”，就不是鲁迅了。后面又出现第四个错觉：听到笛声，“觉得要和他弥散在含着豆麦蕴藻之香的夜气里”。这又是为什么？笛声宛转、悠扬，毕竟还是会对人产生影响的，人的心情是复杂的，急是没有用的，船终究不是飞机，赵庄不可能秒到，悠扬的笛声，暂时使鲁迅的心沉静了下来，于是，他产生了随笛声弥散在夜气里的错觉。虽然是错觉，但我们可以感受到鲁迅内心暂时沉静的真实。（其实从量子力学的角度看，这也未必是错觉哩。）

利用错觉抒情，在中国，三千年前就有了，比如《诗经·王风·采葛》：“彼采葛兮，一日不见，如三月兮！彼采萧兮，一日不见，如三秋兮！彼采艾兮，一日不见，如三岁兮！”看来，“思念是一种很悬的东西”，从古到今都没有变，它会让人产生时间上的巨大错觉，度日如年。这首诗的作者，大概不会想到三千年后有一位叫“爱因斯坦”的科学家，用三个字的理论概括了这很“悬”的错觉。他（或她）大概也不会想到，后世有大量的天才文人，将在各种各样的作品中，用各种各样的错觉抒情。比如杜甫，用“露从今夜白，月是故乡明”的错觉写思乡；比如苏轼，用“依约是湘灵”的错觉写倾慕；比如辛弃疾，用“只疑松动要来扶”的错觉写倔强；比如郁冬，用“爱你的每个瞬间，像飞驰而过的地铁”的错觉写幸福……

错觉描写虽然历史悠久，但在我们中学生的文章中，却非常少见，原因还是大家对这个技法了解太少。它是一个非常容易被忽视的技法，同学们可以通过平时的刻意练习，去改变抒情的习惯。想抒情时稍等一下，不正面说，反其道而行，利用错觉描写来表达，常常会有奇效。

习作分析

感动附中的瞬间

韩佳杉

肃秋悄过。太阳依旧朝升夕落，檐下燕抖抖翅膀，便飞到了南国。原来生机喧闹的附中校园，如今忽然安静了许多。图书馆前的银杏树上，才熟透的白果落了满地，零零星星，像是阳春三月的花开。看着满地金黄的落叶，不免生出一种凄婉之情。

那一天，吃过午饭，我悠闲地喝着豆浆从食堂走出，享受着阳光轻柔的沐浴。在教学楼旁的路口，我看到一个学姐在拾着落叶。她蹲下身，弯着腰，伸手拨弄着落叶堆，不久便挑出了一片叶子，她右手拿着叶片，左手将叶梗绕了个弯，左手捏住绕弯处，右手挑起叶梗的末端，穿到孔中，左手再捏住叶梗叶片交叠处，向下轻轻拉了一拉，这叶梗上便有了一个可以挂的圆环。她仰起头，目光在楼前树上的枯枝间徘徊，终于停在了有一片枯叶的枝条上。她踮起脚尖，将树叶挂到了与那片叶子相邻的枝条上。她又仰起头，凝视着自己的“作品”。树叶在枝头轻轻地摇着，她于是笑了。

这一瞬间，我仿佛看到了一个春天。

午后的阳光，透过叶梗绕过的孔被剪裁成了橙黄色的圆晕。两片叶片也互相看着，轻轻摇动着。

我不知不觉中走到树下，也在落叶堆中捡起一片叶子，同样绕个弯，穿过去。我把做好的“圆环”挂在了最东边的一枝上，挂得更高一些。我想，这样它就可以第一个看到日出了。

第二天中午，我惊喜地发现树上又多了好几片新挂的叶子。这些叶子在阳光的照耀下熠熠闪烁。我想，若是多挂一些，就更好了，于是又一气挂上了好些片。

想象着春日里的附中，每一片树叶都为校园增添了生机和活力。尽管这些叶片单薄无依靠，在冬日的寒风中显得那么渺小，但它们寄托了我们的希望，哪怕在夕阳余晖下勾画的一个树叶轮廓，那也是春天来临的声音。

【点评】

静静地读这篇文章，会流泪的。生活中感人的瞬间其实很多很多，很多人会随手拍个照，配上一两句话，往朋友圈一发，就结束了。也会感动朋友圈中的几个人，但毕竟难以“传诸久远”。但是写成文章，很多人又觉得难以成文。明明内心有感动，为什么表达不出来？肯定与技巧有关。很多时候，自己感动与让大家感动之间，就差一个技巧。

本文的第三段，就是一个非常明显的技巧——错觉描写。前面学姐的举动，突然让作者在秋天仿佛看到了春天。原因是什么？原因是落叶重回树上，让人看到了春的希望，内心有了变化，人自然容易产生错觉。

类似的描写，在一篇非常著名的文章《永远的蝴蝶》里也有，只不过那篇文章里的描写恰恰相反：虽然是春天，好像已是秋深了。主人公的心上人在寄信时，不幸遭遇车祸，主人公内心深处的关于未来的所有美好期望在那一瞬间全部凋零，于是主人公产生了错觉：好像已是秋深了。

两篇文章关于季节的错觉是正好相反的，但造成错觉的原因是一样的，就是：内心有了变化。

本文的巧妙之处，并未在第三段结束。作者在第三段产生错觉之后，“不知不觉”地也做出了学姐的举动。这相同的举动，显然是又让更多人产生了错觉，于是在第二天的中午，树上又“长”出了许多叶子。这又让作者产生了新的错觉：虽然“这些叶片单薄无依靠，在冬日的寒风中显得那么渺小”，但“那也是春天来临的声音”！

第二节　环境描写

迁移之源

雪国（节选）

川端康成

在遥远的山巅上空，还淡淡地残留着晚霞的余晖。透过车窗玻璃看见的景物轮廓，退到远方，却没有消逝，但已经黯然失色了。尽管火车继续往前奔驰，在他看来，山野那平凡的姿态越是显得更加平凡了。由于什么东西都不十分惹他注目，他内心反而好像隐隐地存在着一股巨大的感情激流。这自然是由于镜中浮现出姑娘的脸的缘故。只有身影映在窗玻璃上的部分，遮住了窗外的暮景，然而，景色却在姑娘的轮廓周围不断地移动，使人觉得姑娘的脸也像是透明的。是不是真的透明呢？这是一种错觉。因为从姑娘面影后面不停地掠过的暮景，仿佛是从她脸的前面流过。定睛一看，却又扑朔迷离。车厢里也不太明亮。窗玻璃上的映像不像真的镜子那样清晰了。反光没有了。这使岛村看入了神，他渐渐地忘却了镜子的存在，只觉得姑娘好像漂浮在流逝的暮景之中。

迁移启示

提起环境描写，川端康成的《雪国》一定是个绕不开的话题。《雪国》本身是一个情节极其简单的中篇小说，但却是川端康成借以拿下诺贝尔文学奖的核心作品之一，也是川端康成最广为人知的文学作品。为什么？《雪国》中让人看了就忘不了的环境描写，当然是个重要因素。

川端康成是反战的。在川端康成创作《雪国》时，日本军国主义正进行疯狂的侵略战争，川端康成没有正面反映这场战争，而是通过虚实相生的艺术形象巧妙地表达了自己的看法。正如日本评论家岛崎秀树说："川端康成对军国主义是消极抵抗，《雪国》便是例子。"川端康成在《雪国》中极尽铺成夸张之能事，抒写人生徒劳、虚无，来讽刺日本军国主义侵略战争的徒劳。这种抒写，在《雪国》里，常常是通过环境描写来实现的。

以上文为例，川端康成写男主角岛村坐火车去雪国找驹子，却在车厢邂逅一名照顾着病人的女子——叶子。这位素不相识的叶子的美是惊艳的，但岛村也知道自己不能盯着她看，于是低下头。但却在手指无意间划过车厢玻璃时，因揩去了玻璃上的雾气，而看到了对面他不敢正视的女子的眼睛。岛村就把脸贴近车窗，装出一副带着旅愁观赏黄昏景色的模样，用手掌继续揩去窗玻璃上的雾气，从这窗玻璃形成的镜子里暗中观察对面的女子。当然，男主角岛村不可能只看到那女子，他同时也能看到窗外之景，于是，川端康成开始他的环境描写秀了："在遥远的山巅上空，还淡淡地残留着晚霞的余晖"一句，表面上写的是夕阳落山，是写实，其实是在渲染"虚无"的感情基调；紧接着写了一句"透过车窗玻璃看见的景物轮廓，退到远方，却没有消逝，但已经黯然失色了"，这句表面上是用相对运动写火车的飞驰，其实是在抒写生命中很多东西虽然还没有消逝，但终究是要归于"虚无"；再往后，川端康成用了一句"山野那平凡的姿态越是显得更加平凡了"来反衬镜子里的女子的不平凡，但马上又说"使人觉得姑娘的脸也像是透明的……只觉得姑娘好像漂浮在流逝的暮景之中"，原来，川端康成借环境描写，表达的是，即使是这如此不平凡的女子，也是"虚无"的！

真是绝妙啊！这段描写，是不是让你想起了许多类似的文学作品？比如《枉凝眉》里的"水中月""镜中花"，比如朱彝尊在《桂殿秋》里写的"青蛾低映越山看"。岛村看着车窗玻璃和朱彝尊看着湖面的所见是多么的相像！都是连绵的青山！他们心里的感觉也惊人的相像，都是"虚无"啊！只不过一个是文学作品中的人物，一个是现实中的诗人本人。

这是环境描写的魔力，让人看了一眼，就终生难忘。

川端康成在《我在美丽的日本》中对雪国如此描述："亮光深深地射进来，铺席冰冷地显出蓝色。火车站上的灯光，因为寒冷的缘故，闪烁不停。"

闪烁不停的不只是"火车站上的灯光"，还有这段描写留在我们脑海里的记忆。

我们是不是也应该学着，在我们的文章里，刻意地运用环境描写，去帮助表达我们的丰富的内心呢？

习作分析

屠夫与狼

李思成

寒风从森林中穿过，惊得树枝萧萧地颤抖起来。屠夫借着月光，踏着地面上的积雪，快步向家的方向走去。

远出传来寒蛩鸣叫，屠夫不觉攥紧了冻僵的手。身上的扁担沉甸甸的，"到了冬天，出来买肉的人都少了，最近每天都要剩下一些，也不知道该不该扔掉。"屠夫嘟囔道。在这夜晚幽静的森林中，能听到他的话的只有天上的明月了。

脚下的积雪在踩踏时发出如锯木般的声响，一阵寒风刮过，屠夫加快了脚步。忽然，锯木般的声响明显了，屠夫察觉到反常，连忙放慢脚步，可踏雪的声音依然没有慢下来。屠夫心头一震，快速转过身去。

那是一双深绿色的眼睛，就在几十步开外的地方闪烁着寒光。黑色的竖瞳十分明显，深邃而透露着贪婪，仿佛能够吞噬一切。一身深灰色的长毛在雪地的衬托下十分突兀地竖直起来，低伏的身躯紧紧地贴在雪地上。屠夫屏住呼吸，虽然不时有树枝摇曳的声音，但是"嗤嗤"的呼吸声清晰可辨。"狼！"屠夫在心中失声叫道。

屠夫的双手有些颤抖，此刻，四目相对，谁也不敢动一下。屠夫双腿的肌肉紧绷，随时准备奔跑。突然，狼的面部两侧伸出两条白色的东西，反射着冰冷的月光，屠夫见了，那两道光阴森悚然，看上一眼，只觉浑身都好像被冻住了一样，动弹不得。狼停止了等待，迈开四足，身上的长毛如波浪般飘动，好像黑夜中的海面。恐惧顿时铺天盖地缠绕向屠夫，屠夫连忙转过身去准备逃跑，却听见“叮”的一声脆响，顿时急中生智。

“嗤嗤”的喘息声越发急促，屠夫甩下肩上的扁担，将上面的铁钩拽下来，又在竹筐里面挑了一块最大的肉，穿上铁钩，挂在了身旁翘起的树枝上。狼正向屠夫飞速跑来，屠夫像是听到了身后死神欢愉的狂笑，在雪地上狂奔起来，一连跑到了家门口，都不敢回头看一眼。

第二天直到正午，屠夫带着一伙人鼓起勇气进到树林中寻找狼的踪迹。到了他挂肉的地方，远远地看见狼竟挂在树上，四肢无力地垂下来。走进一看，狼叼着肉的嘴上颚已经被铁钩刺穿，满面血污，毫无生气。

瑟瑟寒风向人们诉说着启示：贪婪必会给自己招致不幸。

【点评】

本文是一篇限定了关键词的作文，题目要求用上“恐惧”“贪婪”“启示”三个词语，把《聊斋志异》里的屠夫与狼的故事扩写成一篇文章。很多同学遇到这类作文题，会觉得无从下笔。

其实解决方案非常简单，我们思考一个问题：扩写最重要的是扩什么？很明显是细节。什么样的细节比较好写？显然是环境描写。因为它可以在一篇文章里多次出现。为什么环境描写可以多次出现？同学们一定不会疑惑，因为从小到大做了那么多阅读题，环境描写的作用，大家再熟悉不过了：交代人物活动的背景，渲染气氛，烘托人物心情，推动情节发展，暗示人物结局……

本文作者就成功地运用了环境描写丰富了文章。开篇连续的环境描写“寒风从森林中穿过，惊得树枝萧萧地颤抖起来”和“远出传来寒蛩鸣叫”就渲染紧张的气氛。紧接着“积雪在踩踏时发出如锯木般的声响”不但继续制造出恐怖的气氛，还推动了情节的发展——狼来了，这声响不仅由屠夫发出，还由后面尾随而来的狼发出！再往后，作者用雪地来衬托狼深灰色的长毛，用“树枝摇曳”来以动衬静，用“反射着冰冷的月光”来写狼的獠牙……这一系列环境描写，都非常成功地烘托了屠夫“恐惧”的心情。最后还不忘用“瑟瑟寒风”来引出这个故事对人的启发。本文在环境描写方面，做得真是非常成功了！

第三节　对话描写

迁移之源

左传·成公二年（节选）

左丘明

癸酉，师陈于鞌。邴夏御齐侯，逢丑父为右。晋解张御郤克，郑丘缓为右。齐侯曰："余姑翦灭此而朝食！"不介马而驰之。郤克伤于矢，流血及屦，未绝鼓音，曰："余病矣！"张侯曰："自始合，而矢贯余手及肘，余折以御，左轮朱殷，岂敢言病？吾子忍之！"缓曰："自始合，苟有险，余必下推车。子岂识之？然子病矣……"张侯曰："师之耳目，在吾旗鼓，进退从之。此车一人殿之，可以集事。若之何其以病败君之大事也？擐（穿）甲执兵，固即死也；病未及死，吾子勉之！"左并辔，右援枹而鼓，马逸不能止，师从之。齐师败绩。

迁移启示

这段文字记载的是号称春秋四大战役之一的"鞌之战"，战争的原因很搞笑，晋国正聊郤克因出使齐国时受过齐国太后的侮辱，所以抓住鲁国向晋国求救的机会，要报当年被辱之仇，在癸酉日，陈兵于鞌，与齐国决战。对这个决战，左丘明描写得真是精彩！他介绍完双方的主帅以及主帅的御者（驾车人）和车右（贴身护卫）后，并没有直接描写战场的具体宏大场面，而是聚焦在对话描写上。

先是描写了战败方的齐国主帅，也就是齐国国君齐顷公自信的言论："我暂且灭了晋国的军队，再吃早饭！"勇气可嘉，可是太轻敌了，居然"不介马而驰之”，就是不给马穿铠甲就冲向前线了。这不是“送人头”吗？难怪要败！

这里左丘明的描写，对我们写作文的启发就是，要刻画人物性格，有时候光有语言还不够，还要配合上行为细节。

再看战胜方的晋国主帅，其实他赢得也是相当艰难！“郤克伤于矢”，郤克被箭射中，血都流到鞋子里了，鼓声没有停，那还得继续打啊！但郤克毕竟也是个活生生的人，他说了三个字“余病矣”。“病”在古文中表示伤病很重，用现在话说，就是我受重伤啦！作为一句主帅，受伤了，喊一声，其实也很正常。可是，帮他驾车的解张却非常鄙视他。解张说：“从一开始交战，箭就射穿了我的手和肘，我折断了箭杆来驾车，左边的车轮都染成黑红色，哪里敢说我受重伤？您老人家忍着点吧！”

驾车人敢这样对主帅说话，为什么？因为这是战场啊！谁不明白两军相逢勇者胜！驾车人刚怼完主帅郤克，车右郑丘缓也开始怼：“从一开始交战，如果遇到危险，我必定下车推车，您难道了解吗？不过您真是受重伤了！”

驾车人解张大约是觉得车右怼得太委婉，继续补刀：“军队的耳目，在于我的旗子和鼓声，前进后退都要听从它。这辆车子由一个人镇守，战事就可以完成。为什么要为了一点痛苦而败坏国君的大事呢？身披盔甲，手执武器，本来就抱定必死的决心，受伤还没有到死的程度，您还是加油坚持吧！”

大家注意看最后一句“病未及死，吾子勉之”，驾车人解张的意思就是：您还没死吧？没死就给我继续坚持！

各位同学，这段对话描写，对我们的写作，有巨大的启发！

首先，对话描写必须口语化！

我们很多同学平时说话都挺豪放的，一写作文，瞬间变成文绉绉的书生。这其实完全没有必要，既然纪实类写作要追求真实，那就把生活中该有的样子展现出来！当然，为了刻意讽刺人物故作文绉绉的样子的文章除外。

其次，对话描写必须个性化！

我们很多同学写作文，不论谁说话，都是一样的风格。比如很多同学遇到克服困难类的文章，就喜欢写爬山，通常情节都是：自己畏难，然后同学或者长辈鼓励，然后自己一咬牙，爬上去了！成长了！

今天我们且不说这种写法有多么老套（被石缝里长出的小草鼓励也是非常老套），就单说即便是非要这么写，如何写得更精彩。我们完全可以向左丘明学习，把人物的语言加工一下。（文学毕竟是要经过艺术加工的，艺术加工不叫造假！）

我们可以让同学说："人活在世上，就是来克服困难的，我刚刚崴了脚踝，我都爬上来了，你全身好好的，怎么就爬不上来了？"

我们可以让长辈说："我小时候营养不如你，我能爬上来；我现在身体机能不如你，我还是能爬上来，你怎么就爬不上来了？"

我们当然还可以写自己因一些小伤而想放弃，然后试着模仿驾车人解张的语言设计后面的对话。因为，在现实生活中，真的存在类似的对话，只是很多同学不敢如实写！

对话描写，贵在真实！

习作分析

亲近・感悟

韩宜静

信步沿湖而行，雨势渐弱，黛色的苍穹射来一束昏黄的阳光，透过愠怒的云层，光芒游走在湖西幢幢灰墙黑瓦的屋舍间。恍然间，我的身上已染上了温润的玉色。

撑着一把木质杆的油纸伞，跟在店老板的身后。是的，这次江南之行，就是为了寻找名贵的昆石。

走在我前面的这个中年女子，经过岁月的洗涤自是沉淀下了一种优雅与自信，她体型稍胖，独自一人在江南开了家古玩店，清闲得很，剩下时间便是去观赏那些经人工雕琢的奇石。

“杨老板，”她喜欢别人这样称她，“这石头是从哪儿淘来的啊？”早就听闻玩石头的人低调内敛，便换了一种极轻松低调的口气来问她。

“哎，姑娘！怎能这样讲话？杨老板我虽是个文人，但是石头也不是古玩市场随意淘来的，这可是我花高价在那个最繁华的拍卖场收来的，你可不知道那拍卖场的装饰哟……”她戴着手套颇自豪地说着。

“杨老板怕不是真正的文人吧！”我抬脚跨出门槛，只留下了这样一句话。

次日，天空放晴，一声爽朗的笑声惊走了在黑瓦上歇脚的燕子，金色的暖光在墙面上沉浮出一片片倒影。

往人烟稀少的古道中走去，竟找到了那一声大笑的来源……

一身做旧的黛色长袍，一头稀疏的白发，一杯浑浊的雄黄酒，一脸岁月勾画出的沧桑。这个老头让我一眼就记住了，不仅是因为他的衣着，更是因为他身上有一种……文人独有的气质。

“您好。”在看到他手上把玩的是一块奇皱无比的太湖石后，我问道，“您这是太湖石吗？”

“只可看，慎说。”他笑道。

这样一认真看，这个老头和这太湖石出奇的相像，极瘦又极皱。他可能是真正与石头合为一体了。

“您玩石头多久了？”

“难说。”他醉了，敲起了瓷杯，名贵的太湖石被他丢到一旁，唱起了“我具衣冠为瞻拜，爽气入抱痊沉疴……”

虽是来寻昆石，但是却与一个极像太湖石的老头相遇，此谓之天意。何为文人？摘掉凡人贴着繁重的标签，推杯换盏道出自己的一方净土之人是也。

【点评】

这篇文章里，有大量对话。这些对话显然被本文作者精心设计过！“杨老板，这石头是从哪儿淘来的啊？”“哎，姑娘！怎能这样讲话？杨老板我虽是个文人……”这第一回合的对话，活泼感就扑面而来。紧接着，一句“你可不知道那拍卖场的装饰哟……”瞬间写尽了自称“文人”的杨老板的俗气。于是，“我”看透俗气之后的应对也就自然出来了：“杨老板怕不是真正的文人吧！”妙啊！

后半篇亮点在于“他可能是真正与石头合为一体了”，这个可能和石头合为一体的老先生把名贵的太湖石往边上一丢，唱起了“我具衣冠为瞻拜，爽气入抱痊沉病……”这才是真正的文人啊！妙绝！

看试手，补天裂

王昱泽

南宋，某个冬日，鹅湖。

他病了，倚着栏杆，不时把身上的棉袄裹得紧一点。一阵风把我吹起，我才能看到他在看向远方，不知道在看谁。

马蹄声由远及近，他也兴奋起来了。“同甫！同甫！”他放开了他那差不多没有了棉花的大棉袄，向陈亮——他的朋友，就是骑马来的那个人——走去。他让我觉得在那一刻，他的病痛已经不复存在了。

两个男人紧紧抱在了一起。自从回到南宋朝廷后，我没见过他如此激动。

“同甫啊，昨天我还起不得床，你一来，这病怕是好了大半了！你看，我又可以舞剑喝酒了……”他许久没有聊得如此尽兴。

"喝！"他俩越聊越起劲，一壶薄酒这就见底了。

应该是有几分微醺，他开始有些语无伦次，但音调越来越慷慨激昂，似乎被贬的他能让皇上听到这些话。他趴在栏杆上指着楼顶叫喊："你看，同甫！"陈亮的歌声停了下来。"你看，瓦……瓦上的雪也被你惊掉了哩！"他嘿嘿一笑，又突然低下头去，自言自语："什么样的歌声才能让朝廷从这场冗长的梦里——这场偏安江南的冗长的梦里醒过来啊？什么样的人才能把朝廷叫醒？"他那浑浊的眸子里满是忧郁。

"不，我可以！"他的眼睛突然燃了起来。光芒就像那天空中的北极星——不！更亮！"同甫！你说，咱们争取争取，抗金大业一定会完成的，对不对！"他紧紧握住陈亮的手。

"没错，稼轩！这个世界总有希望！"

"祖逖和刘琨闻鸡起舞，你也舞一段，如何？"他笑着说。

陈亮也真利索，拔出剑就跳，剑气足以斩断青丝。

我飘飘悠悠地落到地上——对，如你所想到的，我就是辛弃疾头上的青丝。我虽然落在地上了，但我继续看着，我看着他们又斩了白马盟誓。那鲜红的血，让他的内心爆燃——我从他的眼睛里看出来的！我第一次这么长时间地看着他爆燃的眼睛。

稼轩先生，愿你的燃烧，能改变这个冰冷的世界。

【点评】

本文根据辛弃疾的一首词展开联想写出来的。写的是陈亮从远方来看望病中的辛弃疾后发生的一段故事。这个故事是历史上真实存在的，但怎样才能再现这个令人兴奋又扼腕的历史画面呢？

对话描写显然是不可缺少的，尤其是对话的双方是南宋朝廷里如此正气的两位英雄！这样的文章类似穿越文，但不是简单穿越到当时的事件，而是进入当时的人的心境里面。所以对话一定应该是人心里最想说的话。比如“你看，我又可以舞剑喝酒了……”这句，这一定是辛弃疾最想说的话，辛弃疾一生词作里，“酒”字出现的频率是非常大的，即使没出现酒，也常常用别的词代替，比如“千古光阴一霎时，且进杯中物”。再比如“什么样的歌声才能让朝廷从这场冗长的梦里——这场偏安江南的冗长的梦里醒过来啊”，辛弃疾的词作，一半以上与渴望恢复中原有关，我们可以推断，他喝酒时说的话，也必然与此有关！

所以本文的语言，非常口语化，也非常个性化，看着这些对话，我们脑海中是能跳出很多画面的，我们的内心，是可以随着文的主人公沸腾的。这确实是一篇难得的好文章。

顺带说一句，本文作者把自己写成是辛弃疾的一根头发，这个角度是非常棒的！灵感来自王仕湲的《如星子划过夜空》，可见，用心的阅读，是可以启发写作灵感的。

那就这样吧

王洽

雨下得紧了，校门走来一个瘦高的人，身上的马甲已被雨浸透，脸上才刚刚褪去年少的稚气。

他叫阿青，农家的孩子身强体壮，但是他的脸上显有几分颓色。当然，他的成绩没有辜负他的付出，是班里数一数二的。

如果有一天他考了第二，班里的第一永远只有另一个人——春仔。因为有相同的体育爱好和优异的成绩，两人无话不说，形如兄弟。但与阿青不同的是，春仔的父亲是有钱的富商，因此春仔每天都把钱穿戴在身上。

“我不念书了……家里有点事情。”阿青是来和春仔道别的，窗外的雨怒涛翻滚，咆哮奔腾，骤雨抽打着地面，雨飞水溅，迷蒙一片。

春仔注意到他这几天脸色越来越差，黑眼圈也多了起来，上课也无精打采。在春仔心里阿青的事就是他的事，多问了几句阿青就不耐烦地喊道：

“这是我的事，不用你管，谁像你们家那么有钱……”

一阵沉默。

阿青走出了门，没人注意到他的眼角泛起泪光。

阿青走了，春仔最重要的精神鼓励没了，英雄树只有两棵才能长高，他只好将那头深深地伸进迷茫的大海。那就这样吧，他想道。

春仔的成绩直线下滑，他再也没有去找过阿青，听老师说阿青是特殊原因暂时转学了，于是他在清醒的时候会盯着阿青的课桌出神，空荡荡的课桌听得见阿青的心跳。

一天，春仔到镇子上的小店理发，和往常一样低着头排队，该轮到他了一抬头一张再熟悉不过的脸映入春仔的眼帘，电信号停止传输，他睁大了眼。

阿青！

这时理发师也注意到他，是一张清清楚楚黝黑的脸。

……两人的泪水夺眶而出，镜子面前，四个年轻的身影，怔怔地待了好久。

原来在几个月前，阿青的父亲患了重病，父亲想那就这样吧，不治病了，在家就是个负担。但是阿青不愿如此，他每天兼职三份工作，赚点生活补贴，成为家里的顶梁柱。

“你有困难和我说啊，我爸有的是钱。”

“我出来打工是为了活着。”

半晌，两人身上留了对方重重的一拳。

那天傍晚，春仔的父亲接到了儿子的电话：“给我开一个银行账户，里面存好十万块钱，我就回来好好读书。”富家不缺钱，缺的是一个肯读书的儿子，那就这样吧，照他说的办。

学校旁边河岸的长椅上，坐着两个青春的身影。

“你小子好好读书，否则我收你高额利息。”

“半年后大学里见，否则我就不还钱了。”

那就这样吧，笑声清脆，洋溢着善良和淳朴。

他们，一个叫青，一个叫春。

【点评】

本文是一篇微型小说，情节并不复杂，结局也在人预料之中，但读来仍有味道。不得不说，对话描写立下了汗马功劳。

“这是我的事，不用你管，谁像你们家那么有钱……”这一句，看似无情，背后藏着多少辛酸？后面跟的是“一阵沉默”，确实也只能沉默。对话描写，为什么要双方一人一句呢？本文作者在这个场景中，就让其中一个人说话，对另一个人只是叙述，文章就灵活了许多。

两人再次相见，富家孩子一句“你有困难和我说啊，我爸有的是钱”，说得任性，就是因为说得任性，所以不做作，真实。他说家里有钱不是为了炫耀，他们之间没有什么可炫耀的，只是为了帮忙，为了让他的兄弟心里不要有负担。相比之下，贫家孩子“我出来打工是为了活着”这一句稍微弱了一些，无奈之情不够到位。“你小子好好读书，否则我收你高额利息”和“半年后大学里见，否则我就不还钱了”两句对话，互相鼓励，非常实在，以此结尾，让人物形象更加饱满了，果真是一对“那就这样吧”的青春少年。

第四节　心理描写

迁移之源

前赤壁赋

苏轼

壬戌之秋，七月既望，苏子与客泛舟游于赤壁之下。清风徐来，水波不兴。举酒属客，诵明月之诗，歌窈窕之章。少焉，月出于东山之上，徘徊于斗牛之间。白露横江，水光接天。纵一苇之所如，凌万顷之茫然。浩浩乎如冯虚御风，而不知其所止；飘飘乎如遗世独立，羽化而登仙。

于是饮酒乐甚，扣舷而歌之。歌曰："桂棹兮兰桨，击空明兮溯流光。渺渺兮予怀，望美人兮天一方。"客有吹洞箫者，倚歌而和之。其声呜呜然，如怨如慕，如泣如诉，余音袅袅，不绝如缕。舞幽壑之潜蛟，泣孤舟之嫠妇。

苏子愀然，正襟危坐而问客曰："何为其然也？"客曰："月明星稀，乌鹊南飞，此非曹孟德之诗乎？西望夏口，东望武昌，山川相缪，郁乎苍苍，此非孟德之困于周郎者乎？方其破荆州，下江陵，顺流而东也，舳舻千里，旌旗蔽空，酾酒临江，横槊赋诗，固一世之雄也，而今安在哉？况吾与子渔樵于江渚之上，侣鱼虾而友麋鹿，驾一叶之扁舟，举匏樽以相属。寄蜉蝣于天地，渺沧海之一粟。哀吾生之须臾，羡长江之无穷。挟飞仙以遨游，抱明月而长终。知不可乎骤得，托遗响于悲风。"

苏子曰："客亦知夫水与月乎？逝者如斯，而未尝往也；盈虚者如彼，而卒莫消长也。盖将自其变者而观之，则天地曾不能以一瞬；自其不变者而观之，则物与我皆无尽也，而又何羡乎！且夫天地之间，物各有主，苟非吾之所有，虽一毫而莫取。惟江上之清风，与山间之明月，耳得之而为声，目遇之而成色，取之无禁，用之不竭，是造物者之无尽藏也，而吾与子之所共适。"

客喜而笑，洗盏更酌。肴核既尽，杯盘狼籍。相与枕藉乎舟中，不知东方之既白。

迁移启示

乍一看，苏东坡的《前赤壁赋》里仿佛并没有心理描写。但是，了解古人赋体中“主客对答”这种传统手法的读者，很容易看出，这里面的客人是苏东坡虚构的。其实主与客都是作者一人的化身。苏东坡把自己内心的心理斗争，分别设计到了主与客的对答中。客的观点和感情是苏轼的日常感受和苦恼，而主人苏子所抒发的则是他超脱地俯察人与宇宙的领悟。苏东坡虚构了一个客来表达自己内心消极的心理，再借主人苏子之口用积极的心理来说服这个虚构的客，从而达到开解自己的目的，让自己从政治上遭受抨击的这种精神苦闷中解脱出来。

仔细品味苏东坡这种写法，我们能从中获取巨大的写作启发。大部分人描写心理活动，都是直接的描写。这不是不好，只是变化少了些。而且，有时某些心理，直接描写很难表达得到位，即使表达到位，读者读起来也未必能有深刻的印象。

因为，我们可以至少找到三种新的心理描写的方式。第一，自己的心理活动，可以通过设计与人对答来表达；第二，别人的心理活动，可以通过设计成与自己的对答来表达；第三，可以在想象文中，想象自己进入他人脑中，于是，自己可以在他人的脑中观察他人的真实想法与他人说出的话之间的差异，从而描写出他人的心理。

如果能用好这些新的心理描写的方法，我们的文章一定能出彩许多。

习作分析

我终于明白了

杨宇晗

眼前是无尽的黑暗，但我并不害怕，甚至还有几分激动，我好不容易得到机会，能体验这个新发明——灵魂转换机。

你问我这个机器是什么？那你也太无知了吧？这是最近新发明出来的一款机器，可以把你的灵魂送到另一个人的大脑内最深刻的记忆里，了解他所想的东西，并重新体验那天的生活。

我好不容易说服了我的妈妈让她给我买一张体验券，这不我现在就在机器里呢。我决定把我的灵魂转换到我妈妈的大脑里，看看她最深刻的记忆，因为我特别好奇妈妈最深刻的记忆是什么，是我学会说话那一天？是我给她生日惊喜的那一天吗？

突然我的四周亮起来了，“转换成功”这几个绿色的大字，在眼前亮起，随后又消失不见了。我期待的剧情并没有出现，而是……

我看见我自己坐在沙发上，拿着手机在打游戏，“你怎么还在这打游戏？”这是妈妈大脑里下意识地想到的一句话，但是并没有说出来，妈妈突然想到了前几天听的讲座：要温柔地跟孩子相处。于是想了想，对着我说：“一早上就开始打游戏？”“哎呀没事，反正是假期。”此刻妈妈的大脑里怒气值直线上升，“你就不能学学人家学霸，学霸才不会在这打游戏呢！你天天除了游戏你还知道啥？”妈妈毫不犹豫地吼出来这句话。

我瞪了妈妈一眼，气急败坏地把手机扔在沙发上，坐在桌子前假装学习起来，这招很管用的，妈妈很快就离开了房间。

“我这急性子，又骂她了。哎……”妈妈离开了我的房间后就开始后悔了。

“我该怎么让她对学习有上进心呢？我是不是应该给她报个补习班？报大班

的课？她万一跟不上呢？我就是想让她努力学习，能考出好成绩。”妈妈默默地想着。

看到这我终于有点内疚了，妈妈这样为我着想，可我当时在干什么呢？当然是在玩游戏了，妈妈走出房间的那一刻，我就抓起来手机玩起了游戏。

“咔嚓咔嚓”是妈妈在切苹果的声音，接着妈妈端着苹果盘走向我的房间。“完了完了，又是一场大仗。”在妈妈脑子里的我，已经预见到了。

妈妈推开房门看着在玩手机的我，“你在干吗？”“怎么又玩手机？”接下来就是我被妈妈一顿暴揍。妈妈的气消得差不多了，就让我开始写作业，她就坐在旁边看着我，“哎，不省心的孩子，我还有工作没做完，只能留到夜里了。”

夜晚看着妈妈顶着瞌睡，在电脑前工作的样子，我真的很内疚，诶？怎么灯光越来越暗了？原来是我妈妈趴在桌子上睡着了。

又经过一段漫长的黑暗我终于回到了现实里，看着妈妈的笑脸，我发内心地暗自谢谢她这么关心我，也默默地决定要好好学习，不辜负妈妈的期待。

【点评】

本文是一篇命题作文，既然是终于明白，这其中必然要费些周折。这类文章比较容易写成对别人“先误解——后理解”或是自己通过各种努力而有所领悟这些常见套路。本文却在构思上出奇制胜，作者想象了一个灵魂转换机，可以把一个人的灵魂送到另一个人的大脑内最深刻的记忆里，了解那个人所想的东西，并重新体验那天的生活。这样，作者就可以非常清晰地明白别人的心理活动，还能通过别人心理活动与别人当时言行的异同来体会别人的用心。这样，作者就能非常直接地写出自己妈妈的心理活动，非常顺理成章地写出自己对妈妈的良苦用心的真实体会。

第五节　人称选择

迁移之源

白马湖（节选）

朱自清

白马湖并非圆圆的或方方的一个湖，如你所想到的，这是曲曲折折大大小小许多湖的总名。湖水清极了，如你所能想到的，一点儿不含糊像镜子。沿铁路的水，再没有比这里清的，这是公论。遇到旱年的夏季，别处湖里都长了草，这里却还是一清如故。白马湖最大的，也是最好的一个，便是我们住过的屋的门前那一个。那个湖不算小，但湖口让两面的山包抄住了。外面只见微微的碧波而已，想不到有那么大的一片。湖的尽里头，有一个三四十户人家的村落，叫作西徐岙，因为姓徐的多。这村落与外面本是不相通的，村里人要出来得撑船。后来春晖中学在湖边造了房子，这才造了两座玲珑的小木桥，筑起一道煤屑路，直通到驿亭车站。那是窄窄的一条人行路，蜿蜒曲折的，路上虽常不见人，走起来却不见寂寞——尤其在微雨的春天，一个初到的来客，他左顾右盼，是只有觉得热闹的。

想飞（节选）

徐志摩

我们吃了中饭出来到海边去……云雀们也吃过了饭，离开了它们卑微的地巢飞往高处做工去。瞧着，这儿一只，那边又起了两！一起就冲着天顶飞，小翅膀动活的多快活，圆圆的，不踌躇的飞，——它们就认识青天。一起就开口唱，小嗓子动活的多快活，一颗颗小精圆珠子直往外唾，亮亮的唾，脆脆的唾——它们赞美的是青天。瞧着，这飞得多高，有豆子大，有芝麻大，黑刺刺的一屑，直顶着无底的天顶细细地摇，——这全看不完了，影子都没了！但这光明的细雨还是不住地下着……

飞。“其翼若垂天之云……背负苍天，而莫之夭阏者”，那不容易见着。我们镇上东关厢外有一座黄泥山，山顶上有一座七层的塔，塔尖顶着天。塔院里常常打钟，钟声响动时，绕着塔顶尖，摩着塔顶天，穿着塔顶云，有一只两只有时三只四只有时五只六只蜷着爪往地面瞧的“饿老鹰”，撑开了它们灰苍苍的大翅膀没挂恋似的在盘旋，在半空中浮着，在晚风中泅着，仿佛是按着塔院钟的波荡来练习圆舞似的。那是我做孩子时的“大鹏”。有时好天抬头不见一瓣云的时候听着豸虎忧忧的叫响，我们就知道那是宝塔上的饿老鹰寻食吃来了，这一想象半天里秃顶圆睛的英雄，我们背上的小翅膀骨上就仿佛豁出了一锉锉铁刷似的羽毛，摇起来呼呼响的，只一摆就冲出了书房门，钻入了玳瑁镶边的白云里玩儿去，谁耐烦站在先生书桌前晃着身子背早上的多难背的书！啊，飞！不是那在树枝上矮矮的跳着的麻雀儿的飞；不是那凑天黑从堂匾后背冲出来赶蚊子吃的蝙蝠的飞；也不是那软尾巴软嗓子做窠在堂檐上的燕子的飞；要飞就得满天飞，风拦不住云挡不住的飞，一翅膀就跳过一座山头，影子下来遮得阴二十亩稻田的飞，到天晚飞倦了就来绕着那塔顶尖顺着风向打圆圈做梦……听说饿老鹰会抓小鸡！

飞。人们原来都是会飞的。天使们有翅膀，会飞，我们初来时也有翅膀，会飞。我们最初就是飞了来的，有的做完了事还是飞了去，他们是可羡慕的。但大多数人是忘了飞的，有的翅膀上掉了毛不长再也飞不起来，有的翅膀叫胶水给胶住了再也拉不开，有的羽毛叫人给修短了像鸽子似的只会在地上跳，有的拿背上一对翅膀上当铺去典钱使过了期再也赎不回……真的，我们一过了做孩子的日子就掉了飞的本领。但没了翅膀或是翅膀坏了不能用是一件可怕的事。因为你再也飞不回去，你蹲在地上呆望着飞不上去的天，看旁人有福气的一程一程的在青云里逍遥，那多可怜。而且翅膀又不比是你脚上的鞋，穿烂了可以再问妈要一双去，翅膀可不成，折了一根毛就是一根，没法给补的。还有，单顾着你翅膀也还不定规到时候能飞，你这身子要是不谨慎养太肥了，翅膀力量小再也拖不起，也是一样难不是？一对小翅膀驮不起一个胖肚子，那情形多可笑！到时候你听人家高声地招呼说，朋友，回去吧，趁这天还有紫色的光，你听他们的翅膀在半空中沙沙地摇响，朵朵的春云跳过来拥着他们的肩背，望着最光明的来处翩翩的，冉冉的轻烟似的化出了你的视域，像云雀似的只留下一泻光明的骤雨——“Thou art unseen but yet I hear thy shrill delight”那你，独自在泥土里淹着，够多难受，够多懊恼，够多寒伧！趁早留神你的翅膀，朋友？

是人没有不想飞的。老是在这地面上爬着够多厌烦，不说别的。飞出这圈子，飞出这圈子！到云端里去，到云端里去！哪个心里不成天千百遍的这么想？飞上天空去浮着，看地球这弹丸在太空里滚着，从陆地到海，从海再看到陆地。凌空去看一个明白——这才是做人的趣味，做人的权威，做人的交代。……

人类初发明用石器的时候，已经想长翅膀，想飞。原人洞壁上画的四不像，它的背上掮着翅膀；拿着弓箭赶野兽的，他那肩背上也给安了翅膀。小爱神是有一对粉嫩的肉翅的。挨开拉斯（Icarus）是人类飞行史里第一个英雄，第一次牺牲。安琪儿（那是理想化的人）第一个标记是帮助他们飞行的翅膀。……人类初次实现了翅膀的观念，彻悟了飞行的意义，挨开拉斯闪不死的灵魂，回来投生又投生。人类最大的使命，是制造翅膀；最大的成功是飞！……

窗子以外（节选）

林徽因

话从哪里说起？等到你要说话，什么话都是那样渺茫地找不到个源头。

此刻，就在我眼帘底下坐着，是四个乡下人的背影：一个头上包着黯黑的白布，两个褪色的蓝布，又一个光头。他们支起膝盖，半蹲半坐的，在溪沿的短墙上休息。每人手里一件简单的东西：一个是白木棒，一个篮子，那两个在树荫底下我看不清楚。无疑地他们已经走了许多路，再过一刻，抽完一筒旱烟以后，是还要走许多路的。兰花烟的香味频频随着微风，袭到我官觉上来，模糊中还有几段山西梆子的声调，虽然他们坐的地方是在我廊子的铁纱窗以外。

铁纱窗以外，话可不就在这里了。永远是窗子以外，不是铁纱窗就是玻璃窗，总而言之，窗子以外！

所有的活动的颜色、声音、生的滋味，全在那里的，你并不是不能看到，只不过是永远地在你窗子以外罢了。多少百里的平原土地，多少区域的起伏的山峦，昨天由窗子外映进你的眼帘，那是多少生命日夜在活动着的所在；每一根青的什么麦黍，都有人流过汗；每一粒黄的什么米粟，都有人吃去；其间还有的是周折，是热闹，是紧张！可是你则并不一定能看见，因为那所有的周折，热闹，紧张，全都在你窗子以外展演着。

在家里罢，你坐在书房里，窗子以外的景物本就有限。那里两树马缨，几棵丁香；榆叶梅横出风雅的一大枝；海棠因为缺乏阳光，每年只开个两三朵——叶子上满是虫蚁吃的创痕，还卷着一点焦黄的边；廊子幽秀地开着扇子式，六边形的格子窗，透过外院的日光，外院的杂音。什么送煤的来了，偶然你看到一个两个被煤炭染成黔黑的脸；什么米送到了，一个人掮着一大口袋在背上，慢慢踱过屏门；还有自来水，电灯、电话公司来收账的，胸口斜挂着皮口袋，手里推着一辆自行车；更有时厨子来个朋友了，满脸的笑容，“好呀，好呀”地走进门房；什么赵妈的丈夫来拿钱了，那是每月一号一点都不差的，早来了你就听到两个人唧唧哝哝争吵的声浪。那里不是没有颜色、声音、生的一切活动，只是他们和你总隔个窗子，——扇子式的，六边形的，纱的，玻璃的！

……

你诅咒着城市生活，不自然的城市生活。检点行装说，走了，走了，这沉闷没有生气的生活，实在受不了，我要换个样子过活去。健康的旅行既可以看看山水古刹的名胜，又可以知道点内地纯朴的人情风俗。走了，走了，天气还不算太坏，就是走他一个月六礼拜也是值得的。

没想到不管你走到那里，你永远免不了坐在窗子以内的。不错，许多时髦的学者常常骄傲地带上“考察”的神气，架上科学的眼镜，偶然走到哪里一个陌生的地方瞭望，但那无形中的窗子是仍然存在的。不信，你检查他们的行李，有谁不带着罐头食品，帆布床，以及别的证明你还在你窗子以内的种种零星用品，你再摸一摸他们的皮包，那里短不了有些钞票；一到一个地方，你有的是一个提梁的小小世界。不管你的窗子朝向哪里望，所看到的多半则仍是在你窗子以外，隔层玻璃，或是铁纱！隐隐约约你看到一些颜色，听到一些声音，如果你私下满足了，那也没有什么，只是千万别高兴起说什么接触了，认识了若干事物人情，天知道那是罪过！

迁移启示

选了三位名家的作品，因为这个技巧绝大多数同学根本没有意识到过。这是一个让读者参与和作者互动的非常重要的技巧！同样读一篇文章，很多文章为什么不能让读者一看就产生亲切感？因为很多文章都是作者在自说自话。但这几篇不一样。朱自清介绍白马湖时，用了“如你所想到的”，瞬间就把读者拉进来互动了。其实读者之前没有想到，但他这么一引导，读者开始想象了。之后他又用了“如你所能想到的”，再一交引导读者，开始联想自己曾经见过的清澈的湖水，比如武夷山的九曲，比如青海的茶卡盐湖……徐志摩的《想飞》和林徽因的《窗子以外》，都是写人生感悟的文章，他们都不是自己感悟，更不是板着脸孔地说大道理，而是用大量的“你”字，来引导读者一同感悟，让读者真正能在读完后，掩卷沉思。

在一些写人生感悟类的文章里，同学们也可以学习这种方法，写文章不是为了应付任务，写文章是促进自己思考的过程，也是引导别人思考的过程。

习作分析

房　间

左承翰

春天早已彻底地莅临。花儿怒放，芳草生长，到处是春天特有的泥土芳香。那野心勃勃的春意也随着花香，从窗户缝中、门缝中缓缓地飘到了我们的房间。就连房间里那许久不发芽的树苗，也一夜之间长出了许多嫩芽。

在这充满春意的一天中，生活宁静自在。疾病虽然如魔鬼般恐怖，但相对的，对我们而言，这也给了我们一个能把自己关在房间里，在学习的同时感受生活的时间，有时坐在椅子上，闭上眼睛似乎能一时间放下一切，只感受自己和自己对话。

早上——充能的地方

一天从被阳光叫醒开始。你来到你的房间，阳光从两扇窗户中撒进来，把屋子照得暖暖的。那阳光透过纱帘，似乎能融化你的心。你静静地坐在书桌旁上课，一上午都在知识的海洋中贪婪地吸收着知识。一生中学习是再重要不过的事，如果没有知识、没有思想，人就成了一具空空的骨架。

正午——静心的地方

正午的阳光被房檐挡住了，外边那隐隐热浪也被墙壁挡在了外面，那无形的热浪也被心门挡在了外面。这时最应该做的事莫过于整理书桌。你把上午拿出来的凌乱的资料一个一个地放进文件夹，书桌上的东西渐渐稀少了，心中的杂念渐渐少了。慢慢地，房间从原来的杂乱变得整洁。这房间的整洁也让你的思绪整洁了。

下午——正念的地方

中午的烈焰渐渐退了回去，一切又回到了以往的平静。屋子里，你只能听到钟表的嘀嗒声和写字的沙沙声。下午往往是最充实的，自己一个人在屋子里的时光也十分宝贵，在忙碌中，也是最好的和自己在一起的时光。

晚上——反思的地方

傍晚，晚霞穿过窗户打在了书桌上，模糊了水杯的倒影，最后落在纸上，你的身是暖的，你的心也是暖的。坐在桌旁静静地把一天学习留下的错误改了。“吾日三省吾身”，一天到头也应该反思一下今天自己的所作所为了。只有反思好当下的这一天才更能活好明天呀，要不怎么说人是会思考的苇草呢?

日出即起，日落而息。晚上把自己的心放下，什么也不想，静静地感受自己。在这早春，感受自己的内心，感受自己的成长……

【点评】

本文写的是一个学生在家学习的日常。没有什么高大上的道理，只是作者内心真实体会的流露。如果人称全换为第一人称，本文会乏味许多，读者会觉得：这都是你自己的体会，与我没什么关系。但作者选择了第二人称，娓娓道来。读者也不由自主地跟着开始审视自己一天的生活状况。只是改了一下人称，效果却是奇妙的！

第六节　顺序选择

迁移之源

资治通鉴第六十九卷（节选）

司马光

汉主耻关羽之没，将击孙权。翊军将军赵云曰："国贼，曹操，非孙权也。若先灭魏，则权自服。今操身虽毙，子丕篡盗，当因众心，早图关中，居河、渭上流以讨凶逆，关东义士必裹粮策马以迎王师。不应置魏，先与吴战。兵势一交，不得卒解，非策之上也。"群臣谏者甚众，汉主皆不听。广汉处士秦宓陈天时必无利，坐下狱幽闭，然后贷出。

初，车骑将军张飞，雄壮威猛亚于关羽；羽善待卒伍而骄于士大夫，飞爱礼君子而不恤军人。汉主常戒飞曰："卿刑杀既过差，又日鞭健儿而令在左右，此取祸之道也。"飞犹不悛。汉主将伐孙权，飞当率兵万人自阆中会江州。临发，其帐下交张达、范强杀飞，以其首顺流奔孙权。汉方闻飞营都督有表，曰："噫，飞死矣！"

迁移启示

按照写作的顺序，通常有"顺叙、倒叙、插叙、补叙……"这些处理方法。

顺叙和倒叙在同学们的习作中比较常见，所以我们不再赘述。上面《资治通鉴》的节选部分，运用到的是补叙的手法。

《资治通鉴》是北宋司马光主编的一部多卷本编年体史书。编年体史书不像纪传体那样，一篇就主写一个人。纪传体因为一篇就主写一个人，所以可以按照顺序把某人的一生都写出来。但编年体史书，每篇里人物纷繁复杂，写到关键性的某人某事时，通常需交代此人先前的某些事件，往往采用追叙法补充。这样，即使人物性格完整，而又不打乱整个记叙的进程。

这种补叙，常常有个标志：“初”。

用“初”字领起的形式，追叙人物的过去，使其成为整体链条的有机部分。有人统计过，《通鉴》三国部分共用“初”字135次，平均每卷有5次之多。这种手法，其实早在《左传》中就大量出现了。这其实对我们写文章有巨大的启发。

我们很多同学写记叙文，故事单薄，通常只写一件事。在一件事里，没有想到用补叙的手法交代一些背景，人物形象自然很难饱满起来。但如果能在写作中，刻意练习这种手法，花点剪裁的功夫，从某个人物过往的时间轴里，切取一个或多个与当前所写的事有密切关联的片段，定能在写作中收到奇效。

习作分析

重　生

韩佳杉

明天大姐要来，她现在不知道是害怕还是激动。

躺在床上，面朝天花板，她举着手机回复朋友们发来的祝福消息。这对于她一个几天没出门的人来说是一个可观的运动量。一下没拿住手机，“啪”的一下手机砸到了脸上，清醒了的她好想对运营商发来的祝福短信回复“TD”。

上午九点半，她决定下床煮点饺子，因为今天是春节。妈妈敏觉的认识强迫她今年不要回家了。但是大姐却坚持要来，说自己也是个护士长，医院希望她去能帮帮忙。

她不太理解刚回老家的大姐为什么要来；换作是她，她是多么想春节在老家吃酸菜啊。酸菜饺子也行。但是冰箱里只剩猪肉大葱的速冻水饺了。拆开包装，拎起饺子，冻住的皮上有冰渣子。她很喜欢这冰凉的感觉，小时候她的春节从来都是在老家的冰封小河上，与大姐在冰雪中打闹度过的。她喜欢捡块冰，对着西面的太阳一直看好久，她想让太阳永远停在冰块里不下山，她想冰封住她过去一年的美好。春节于她有种说不清的意义，她的生命似乎也以每年除夕的落日为节点，湮灭然后重生。现在还穿着睡裤的她显然和“重生”沾不上一点边。

饺子煮好了，关上火，冷静地打开锅盖——这真的一点也不像她。以前在农村，春节中午升火锅，每次她都蹲在零下二十度的院子里看爸爸挑煤生火。有一次她直接把头探到铜火锅口上面闻火锅的味，被烫得满脸通红，大人急得不行她却很开心。

这么多年，春节还是那个春节，但她总觉得变了些什么。

她感觉大姐再也不是十年前和她在雪地里打闹的大姐了，大姐的想法里有一些她不可知的东西。要换作是她，她大概是做不到的，她无法割断她和童年回忆这唯一的纽带，在春节舍生助人。但是毕竟铜火锅是吃不到的了，饺子是最现实的美味。她还得做点肉馅，明天大姐带来的酸菜要做成饺子。

打开微博，她知道像大姐这样的人不在少数，她发现原来身边有这么多可爱的人，多这么多温暖的事——而她平时似乎没有注意到。

大概还是有一些东西比酸菜火锅重要的吧，很多地方，因为大姐这样的人的到来而重生。她也在永远是童年回忆的火锅香里湮灭，然后穿着睡裤和温暖一起重生。

【点评】

本文亮点非常明显，就是在行文中，多次补叙过往的春节里与姐姐的一些回忆。有借自己过往在春节吃火锅时，“被烫得满脸通红”这种回忆，来写她们往年在东北过春节的快乐，来突出姐姐放弃东北春节安逸的生活而逆行助人的伟大；也有借过往春节在“雪地里打闹”的回忆与当下的春节对比，写出姐姐的成长成熟，再写自己在姐姐的成长成熟的影响下，生命得到重生；还有借对“春节在老家吃酸菜”的多次回忆，即使“酸菜”成为文章一个线索，又让“酸菜”成为安逸的生活的一个象征，确实是非常巧妙！

第二章　表现手法

表现手法目前有两种解释。一种是广义的解释，这种解释指的是各种艺术表达技巧；另一种是狭义的解释，指的是文章布局谋篇的一些方法。

我们在装修房子的时候通常喜欢请专业的设计师，因为专业的设计师会让我们的装修更有设计感。不同的主人偏好，不同的使用目的，需要的设计肯定是不一样的。写文章也是如此，不同题材的文章，肯定也需要不同的设计。但是我们很多同学，不论写什么故事，都是平铺直叙。不用说有经验的改卷人了，就是同学之间，看到一些同学的文章的开头，基本就能推断出全文的结构了。这样的作文，写出来有什么意义呢？千篇一律的文章，浪费的是写作者自己宝贵的生命，也是改卷老师宝贵的生命。我们经常会抱怨，现在市面上同质化的书，同质化的朋友圈公众号，同质化的影视剧，甚至同质化的会议在浪费我们的生命。那当我们也在写同质化的作文时，我们有没有反省过：我们自己也在浪费着自己和别人的生命？

所以，我们在写作时，一定要问问自己：我这篇文章，和别人写的文章有没有差异？我这篇文章，是否能给读者新的启发或感动？叶嘉莹先生曾引用过她老师顾随先生的一句话：文学作品要有“感发的生命”！“感发的生命”与文章的“设计感”有关吗？当然是有关的，我们仍然以装修为例，比如一间书房，如果设计得古色古香，非常有文化气息，那么走进这个书房的人，更有可能在进入的瞬间，感动于千年书香的传承而发奋研读，而不是拿出手机来玩游戏。

一篇有设计感的文章对读者的影响，也是如此。

第一节　反衬

迁移之源

纸上思量（节选）

朱以撒

通常我不是这样。平时用廉价的宣纸练字，废纸千万，每一张都在线条的纵横交错中墨气淋漓，写到密不容针方才放弃。无数的廉价宣纸训练出了一个人的胆量，还有手上准确精到的技巧。那些附庸风雅的人，他们对于宣纸轻慢、漠视的眼神，我是一直耿耿于怀的。上乘的宣纸，遭逢了没有技巧储备、没有性情濡养的拙劣书手。他们不管不顾，一笔下去，肯定不行，揉搓丢弃；再来一张，还是不行。结局是可望而知的。这种人永远都无法成为严格意义上的书法家，他们不惜纸，更不善用纸，只是以蹂躏糟蹋纸为快意。

……

少年时我曾想改学绘画，色泽斑斓的画面，那么富贵、冶艳，整个世界就像浸在缤纷的春光里。人进中年，浮艳心思已渐消遁，对于色调的喜爱也重新规划分野。一个人不可能长期面对喧闹的视觉对象，就像我们不敢长久仰望炽热的骄阳。而皎洁的月光，它的澹泊之色，让人可以长久注目，感受到它的亲和与抚慰。相比于泥金、泥银、大红镶嵌龙凤纹路的宣纸，我更喜欢素洁如雪的玉版宣，它驱逐了富贵、妖娆的气息，显得孤寂、清寒。

……

爱纸惜纸，算起来也是我四十岁以后的事。“惜墨如金”，也就是惜纸如金，每一次下笔都像是举办一个庄重的仪式。书写之前，研墨以使心静，焚香以使室清，沐浴更衣以使神清气爽。此时，下笔的氛围形成，自然笔随心动。那些“书法表演”，是今人恶作。应景而表演，笔在手中，动作很大，口中有声，这是很不敬畏的。书法本是寂寞之道，运用在人声鼎沸的娱乐场景里，博人一粲，“表演者”毫无矜持，随便而轻率，内心不复清静。现如今，还有多少人在效古人之行，恪守笔墨之道呢?

迁移启示

朱以撒先生这篇文章借“纸”写书法之道，多处运用了反衬的手法。用附庸风雅的人对于宣纸的轻慢、漠视反衬严格意义上的书法家对宣纸的珍惜、慎重；用绘画的色泽斑斓、富贵、冶艳反衬书法的素淡；用炽热的骄阳的喧闹反衬皎洁的月光的淡泊；用泥金、泥银、大红镶嵌龙凤纹路的宣纸的富贵、妖娆反衬素洁如雪玉版宣的孤寂、清寒；用今人恶作的应景的“书法表演”反衬在下笔的氛围形成后自然笔随心动的敬畏书写；用人声鼎沸的娱乐场景反衬书法的寂寞之道；用当今“表演者”的毫无矜持反衬古人恪守笔墨之道……一片恪守古人笔墨之道的书者对书法的拳拳深情跃然纸上。

我常和学生说，没有对比，就没有文学。虽然有点绝对，但我以为，它确实是有些道理的。刘长卿有一首诗《重送裴郎中贬吉州》，仅四句，却是运用对比反衬的手法中的经典：

猿啼客散暮江头，人自伤心水自流。

同作逐臣君更远，青山万里一孤舟。

第一句用哀鸣的猿、散去的客和江头的暮色奠定了全诗哀伤的感情基调，第二句就开始大量运用对比反衬的手法：用流水的无情反衬人的有情；用自己较近的贬所反衬友人较远的贬所；用万里青山反衬一叶孤舟的渺小……一片对友人的不舍、牵挂瞬间让后来的读者隔代相识，会心一叹!

这些动人的作品，给我们的启发是巨大的，我们要想让文章更有表现力，运用对比反衬的手法，必然是一种不错的选择。

习作分析

意　义

李奕舟

一个平静的小镇，一块刻着《十诫》的大理石，一棵枯黄的老树，一位充满孝心的犹太人。

1942年的秋天，奥地利的小村庄中，一位年轻人在昏暗的灯光下盯着一块大理石，上面用褐色的墨迹写着“荣耀你的父母，地上的生命将得以延续”。就这样，他放弃了美国的签证，决定留下陪伴父母。这样一个小小的“上苍的暗示”，改变了他的命运。

“维克多·弗兰克，还有你们几个，跟我走一趟。”一阵敲门声打破了小镇的宁静。

1942年9月，维克多·弗兰克，昏睡在一列破旧的火车上，看着窗外，希望可以被送到某个军工厂强制劳动，但这样的期望随着一声惊呼破碎了。“天哪，奥斯维辛。”

转瞬之间，他失去了一切，像是掉进了一条幽深的峡谷，不断下落着。集中营内，弗兰克出于结交朋友的愿望，找到一名老囚徒，拿出一卷手稿，“你知道吗?这是我科学著作的手稿，是我唯一活下去的希望，我会不惜一切保住它。”起初囚徒都是哀怨地苦笑，随后变为了侮辱与轻蔑的嘲笑，最后只剩下一句：“哼，狗屁！”他失落到了极点，意识到自己的过去、前半生都被否定了。他用手重重地敲着墙壁，将手稿撕得粉碎。

这是一个连月光都照不进来的地方，没有门，没有窗，周围厚厚的墙壁仿佛在叫嚣着，谁也别想出去。

集中营里每个人仿佛都行走在自己的葬礼上，没有目标，似乎生命已经结束，很多人深深陷入对往昔的回忆，以此逃避眼前的痛苦，那些认为当下的生活毫无意义的，迎接他们的，都是死亡；那些对未来丧失信心的人，注定走向毁灭。只要对未来失去信念，就失去了对自己精神的把握，失去了囚笼中唯一的那把钥匙，自甘坠落，成为行尸走肉。

一天晚上，弗兰克正想着是否用一根香烟（集中营货币）换一片面包或是一条鞋带？他对这些琐事感到厌烦，他想象着自己站在高大明亮的讲台上演讲，研究着自己的经历、集中营的人性。

通过这个，他从当下超脱了出来，他找到了那把钥匙，就是意义。荷兰哲学家斯宾诺莎说："痛苦，一旦我们对它有了清晰而明确的认识，就不再是痛苦了。"即使在又弯又长的幽暗小巷中，也要坚持希望。

【点评】

本文将写作对象着眼在奥斯维辛集中营的一个关押者弗兰克身上。弗兰克是一个怀有理想的青年，即使进入黑暗的监牢，也始终怀抱着对生活的热情，并不因此对未来失去信念；而其他囚徒对待弗兰克的问候，仅仅是"哀怨地苦笑""侮辱与轻蔑的嘲笑"，甚至是唾弃，逃避当下的他们活成了行尸走肉。这样反差强烈的对比，衬托出了弗兰克在绝境之下坚持到底、最后从中超脱出来的可贵。

第二节　烘托

迁移之源

左传·襄公二十一年（节选）

左丘明

栾盈出奔楚。宣子杀羊舌虎，囚叔向。人谓叔向曰："子离于罪，其为不知乎？"叔向曰："与其死亡若何？诗曰：'优哉游哉，聊以卒岁。'知也。"

乐王鲋见叔向曰："吾为子请。"叔向弗应，出不拜。其人皆咎叔向。叔向曰："必祁大夫。"室老闻之曰："乐王鲋言于君无不行，求赦吾子，吾子不许；祁大夫所不能也，而曰必由之。何也？"叔向曰："乐王鲋从君者也，何能行？祁大夫外举不弃仇，内举不失亲，其独遗我乎？诗曰：'有觉德行，四国顺之。'夫子，觉者也。"

晋侯问叔向之罪于乐王鲋。对曰："不弃其亲，其有焉。"

于是祁奚老矣，闻之，乘驲而见宣子，曰："《诗》曰：'惠我无疆，子孙保之。'《书》曰：'圣有谟勋，明征定保。'夫谋而鲜过，惠训不倦者，叔向有焉，社稷之固也。犹将十世宥之，以劝能者。今壹不免其身，以弃社稷，不亦惑乎？鲧殛而禹兴；伊尹放大甲而相之，卒无怨色；管蔡为戮，周公右王。若之何其以虎也弃社稷？子为善，谁敢不勉，多杀何为？"宣子说，与之乘，以言诸公而免之。不见叔向而归，叔向亦不告免焉而朝。

迁移启示

《左传》的文学性真的是非常高，尤其是写人技法历来为后世史家效仿。上面这个选段在《古文观止》里的篇名是《祁奚请免叔向》，成功地刻画了祁奚和叔向两位正面人物。主角仿佛是叔向，可是篇名给人的感觉是，祁奚是主角。为什么会这样？因为《左传》的作者，其实就是想同时刻画祁奚和叔向这两位人物。怎样同时刻画呢？他用了烘托的手法。叔向的四弟羊舌虎因与栾盈交厚被杀，叔向本是一无辜之人，却被四弟牵连被囚，真是太难了。乐王鲋主动找叔向，说能帮忙。叔向鄙视乐王鲋的人品，不相信他能帮忙，也不屑让他帮忙，并且说了一句："必祁大夫。"意思是，只有祁奚能救自己。

果然，乐王鲋在晋国国君面前落井下石，而祁奚义正词严地救下了叔向。

这里其实用了两个手法，一是反衬，二是烘托。人品低下的乐王鲋显然是用来反衬祁奚和叔向这两位正面人物的。烘托更是本文最精彩的地方：祁奚救了叔向，却"不见叔向而归"，他没有去向叔向表功，而是默默回家；叔向被祁奚救了，居然"亦不告免焉而朝"，他没有去向祁奚道谢，而是直接上朝去了。

祁奚和叔向两人互相烘托，突显了两人"一心为公"的做人底色：我救你不是为了让你感谢我，而是为了国家；你救我，我没必要感谢你，因为那是你作为国家大臣，本就该做的事，你把我救了，我就应该马上去为国家做贡献。

君子之交淡如水，此言不虚。

《左传》这一段的描写，确实给我们带来巨大启发。我们很多人在构思写人作文的时候，特别喜欢写自己，这很正常，关键是，在写自己时，通常喜欢把自己写得很差，然后写遇到一个"标杆"式的人物，然后自己"痛悔前非"……不是说不能这样写，文无定法，没有什么写作方法是一定不好的。只是说，如果大家都这么写，是不是缺少点新意了。生活中，确实也有很多人，因为有共同的优点，而互相促进，这样的故事，就特别适合运用烘托的手法。

习作分析

革命归根

刘轩宇

但令身未死，随力报乾坤！

——文天祥

月光从树叶的空隙间滑过，从绮户边走进，落在刀上，反射出一个男人的刚毅的脸——谭嗣同。他的手握住刀，又松开，它落在了地上，回荡着月光。

似根一样，他一生一世都在为了那到现在才刚满百日的维新默默地贡献。他相信一定有一个太阳，它会出于那黑暗的地心，给予他光明。

“自杀算什么，死了，都不知是为革新而死，死可矣，死国可乎？”他站了起来，“为了康师和梁兄，我留，他们去。”

本是闹市，也是最闹的时候的菜市口竟然无比安静。木搭的台子上立着钢刀，映出无数人悲伤的眼。远远的有人来了，面色蜡黄但走得那么正那么稳，虽带着厚重的枷锁，头是那么高贵，眼扫过旁边的官兵，就似寒风，吹冷了他，手中的刀也跟着一抖。

“生要生得明白，死要死得明白，你说说你的罪行。”官兵说。

“若国变法无不从流血而成，今日中国未闻有因变法而流血者此国之所以不是也。有之，请自嗣同始。”他走过从前文天祥也走过的地方。元帅曾经有言，“鼎镬甘如饴，求之不可得！算蛟龙、元不是池中物。江流如此，方来还有英杰！我死没事，以后会有千万人随我的精神续我未完的革命！”

他要被处斩的消息早已传到香港和上海。梁启超坐在皮椅上，在公文桌前，“兄长呵！你虽将要听不见这枝头鸟鸣，这微风柔软，你也没法享受，但我坦然，你并不委屈与烦闷。因你这好一个‘去留肝胆两昆仑’啊！不应你留呵！”

谭嗣同一步步向着木台前进，向着死亡前进，向着归根前进。所谓英雄末路当磨折，正是如此吧！

康有为正在往开船的渡口奔，但车上无一人注目在他身上。“没有‘百丈泪痕余不甘’却‘领取而今现在’，悲哉！壮哉！”一滴泪水随着叹息声，因悲伤而流下，碎在了他的脚边。

台上，谭嗣同站定，“不有行者，无以图将来；不有死者，无以酬圣主。”有人把他按住，人们本以为他不会跪下，但他跪了，为了什么？父母，妻儿，家园，革新！

人头落地，他归根了。满城的泪水洒成了雨，涌成了河……

开花时节，那沉甸甸的果实，都注满了像谭嗣同一样的先烈的心血。中华人民共和国成立了，革命最终成功了！谭嗣同，你的心血有了着落了，你看，人们幸福了，国家强大了！虽然岁月浸染红尘，虽然时间风化记忆，像你一样的先烈们永远是革命的根。革命因你们而成功，你们因革命而伟大！

【点评】

本文是海淀区的一次统考的考场作文，题目是一首诗，要求学生根据牛汉的《根》这首诗写篇作文。

本文作者，没有选择写自己的故事，而是选择了写古人。这多好啊，为什么遇到什么作文题都非得写自己呢？作者选取了大家熟知的谭嗣同，但许多读者读完会发现，读完本文，才真的被谭嗣同感动了。为什么呢？很大的原因是，作者用多位人物，烘托了谭嗣同的形象！

首先，作者把文天祥的《即事》诗的尾联作为文章的题记，这个烘托效果够直接，他们都是为崇高的理想而死的人！紧接着用菜市口送行的众人来烘托谭嗣同的正气，用文天祥上刑场走过的路和说过的话来烘托谭嗣同的无畏。再往后，竟然用上了“蒙太奇”的手法，叠加了梁启超和康有为此时此刻的场景，这当然是作者的想象，作者是受了《风雨下钟山》这部电影里国旗升起时的画面叠加的启发，想象了梁启超和康有为的内心活动，来烘托谭嗣同的担当，梁启超和康有为虽然没有选择“留”下来死，但他们的“去”不是苟且偷生，而是另一种担当，像极了当年的程婴和公孙杵臼。真的是历朝历代，都有“去留肝胆两昆仑”的大丈夫啊！

第三节 联想

迁移之源

槐花（节选）

季羡林

这种槐树在北方是非常习见的树种。我虽然也陶醉于氤氲的香气中，但却从来没有认真注意过这种花树——惯了。

有一年，也是在这样春夏之交的时候，我陪一位印度朋友参观北大校园。走到槐花树下，他猛然用鼻子吸了吸气，抬头看了看，眼睛瞪得又大又圆……

"真好看呀！这真是奇迹！"

……

"这有什么了不起呢？我们这里多得很。"

"多得很就不了不起了吗？"

我无言以对，看来辩论下去已经毫无意义了。可是他的话却对我起了作用：我认真注意槐花了，我仿佛第一次见到它，非常陌生，又似曾相识。我在它身上发现了许多新的以前从来没有发现的东西。

在沉思之余，我忽然想到，自己在印度也曾有过类似的情景。我在海德拉巴看到耸入云天的木棉树时，也曾大为惊诧。碗口大的红花挂满枝头，殷红如朝阳，灿烂似晚霞，我不禁大为慨叹：

"真好看呀！简直神奇极了！"

"什么神奇？"

"这木棉花。"

“这有什么神奇呢？我们这里到处都有。”

迁移启示

季羡林先生这篇文章，借赏槐花和木棉花传递了一个经验：越是看惯了的东西，便越是习焉不察。这个经验是如何被意识到的呢？就是联想。由印度友人对“我”的提醒所让“我”意识到的“我”看惯了槐花就习以为常了，而联想到“我”曾经对印度朋友看惯了木棉花就不感到神奇的提醒。

这种联想，其实在我们的生活中特别常见。但很多同学在写作文时，常常忽略了这些生活中随处可见的联想。这其实缺乏的就是一种对写作技巧的“刻意”练习。

习作分析

夜空中最亮的星

臧雪晨

秦淮的孤月窥窗，映衬这牢中四壁霜。

一个影子若隐若现，徘徊不定，在月光照耀下越拉越长，那正是文天祥的……窗外是乌黑，大片大片的乌黑，没有一颗星星。他散发蓬松，被岁月苍老的脸上辨不出他年轻时的模样，唯有那双眸子里，还充满了不服与坚毅。

“光荐，我不甘啊！”一声厉吼打破了沉寂，对面那个人渐渐地抬起了头，“何人甘心呢？如今元人占我疆土，那无用的国君卖国投降，转眼你我成了元军的俘虏。”

又一个不眠夜……

虽然这风雨牢房内，寒蛩四壁，却藏不住二人报国的丹心，文天祥随手拿起躺在地上的陈年老酒，还没等下肚就望见瓶中已变的朱颜，他不忍再看下去，扬手，酒穿肠而过，他想一饮而尽溺死无边的痛楚，可恨这该死的痛苦已学会了游泳。

几旬酒下肚，他望向窗外，被月光映得一片空洞的深蓝，他想望见家的方向，却只觉眼前模糊，只有杜鹃在上方空啼。“这会不会是南方来的呢？会不会给我带来些家乡的消息？”无数种幻想充斥了脑海，他想到了蔺相如，为璧肯一头撞死；诸葛亮，死后仍能吓退司马懿；岳飞在风波长亭视死如归……他好想轰轰烈烈战一场，留得万世名芳；他好盼征征战战过一生，了却心事愁肠。烈酒逐渐在心中升腾，猛回头，拉起万念俱灰的邓剡。

“放心吧，还会有无数英杰，为复兴大宋献出生命。”哪还会有呢？只不过是自我安慰罢了。

乾坤再大，无处容得这样一颗明星；水阔天空，无人识得此剑气英杰，我相信他死后也不会低头，他会化作最亮的星，定格在曾经的那片夜空。

【点评】

本文是一篇命题作文，《夜空中最亮的星》这样的文章，其实不是特别好写。很多同学一看到这样的题目，内心中是排斥的，他们可能会想：又要去歌颂身边的某个人了。

其实为什么一定要写身边的人呢？本文作文选择了古人，她把夜晚定格在了文天祥与邓剡被捕后，在南京分别的那个夜晚。说文天祥是那个夜空里最亮的星，我们是可以接受的。文天祥这样的英雄，在被捕之后的联想，一定是少不了的。古往今来的种种人物，应该都会在他脑子里有序或无序地闪过。

本文作者在文中用了大量文字描写文天祥的联想，因为这一个写作手法，七百多年前的那个夜晚，仿佛就在我们眼前。妙啊！

第四节　照应

迁移之源

小满（节选）

肖复兴

二十四节气中，有几个，我一直不甚了了。小满是其中的一个。

……

小满小满，小麦渐满。民谣里这样说，说的是小满节气到来，小麦刚刚灌浆，青青的麦穗初露，还没到一片金黄的成熟时候……

小满大风，树头要空。这是另一句民谣，说的是在小满时节，忌讳刮大风。因为树的枝头上结出的果实尚未饱满，禁不住大风，会被吹掉。人生中对待同样时候的孩子们，切忌的也是大风来袭。

在北大荒，这个节气正是放蜂人来到林子和荒原里安营扎寨的时候。这时候，林中树木之花和草地的野花盛开，有民谣说，小满时候置蜂箱，放蜂酿蜜好风光。北大荒的椴树蜜和野花蜜，一直都很有名。大自然懂得，小满是蜜蜂采花酿蜜的好时候。我们人更应该懂得，这样的节气里，是年轻人花朵般开放的初恋好时候，少挑刺多栽花，少大风多酿蜜，才是正经的事由。

迁移启示

肖复兴先生这段文字，有三处对民谣的描写，给我们留下了深刻的印象，三处民谣既让我们对“小满”这个节气有了更深入的了解，又相互照应，增加了文章的文学性和设计感。同学们写作文，不要总把作文当成是一项任务，要以创作一件作品的心态去写文章，文章是需要设计感的，照应就是一个非常重要的设计。

习作分析

责　任

牟容瑾

半夜三点，月亮早就倾斜到了天空的另一头，整个小区里只有路灯是亮着的，没有虫鸣，没有风声。我却“腾”地一下从床上弹起，心里想的是：

“我是不是没发会议码？”

惴惴不安的我从被子里爬出来，光脚踩在地板上的凉意让我打了个激灵，也清醒了很多，快步走到桌子前掀开笔记本电脑，屏幕亮起，在黑暗中闪着略有些刺眼的冷光，照亮了书桌上堆着的乱七八糟的书本和团成一团的耳机线。我熟练地点开微信的群聊，看到了一条自己发出的消息，再三确认日期时间，合上电脑，心里松了口气。叹了口气，满心的无奈，自己快被这个不一样的学习生活闹出精神衰弱了。

待在家里不出门实际上还挺快乐的，直到学校通知要上网课的那一天起。

千不愿万不愿，课还是要上的。而且我还被班主任委托，要负责发起每天的会议。这个差事并不是很难，我心里不情愿但还是接下了，毕竟只需要动动鼠标，每天晚上把第二天的会议号发到群里就行，不是什么难事，我也就没当回事。

“建班”重任，就这么平淡地开始了。

我不得不在自己的破电脑面前焊住一整天，平常在学校还有体育课和课间。不得不在深夜一点从睡梦中惊醒发送作业，平常在学校只需要第二天再交。尤其是，要发会议码这件事，平常上学只需要走到学校，现在却相当于每天要由我建一个新教室。

为了防止会议码被其他的消息刷上去，我一再放晚了发送的时间，基本上都等到十一二点的时候再发出去，这样一点开群聊，看到的消息就是会议码。

一件事干久了总会觉得烦的，况且还有一些天天看不见消息的人。

终于有一天我在十一点之前完成了一天的作业，这一晚的风是多么和煦，月光是多么温柔，床是多么舒适，一切都在召唤着我赶快进入梦乡，我当然就这么照做了。这一晚上我睡得异常的香，就算清晨被接连不断的消息提示吵醒，静音之后我又很快睡了过去。

第二天起床，浑身舒畅，用迷离的睡眼看一眼表，十五，嗯，半点上课，还有时间。再仔细一看，九点十五。糟了，睡过头了，我翻身从床上下来径直冲向电脑，打开会议软件却怎么也看不到自己创的会议室的图标。我还以为是服务器出了错的时候，一个微信电话打来，是同学的。

她上来就一句："你终于接啦！你没发会议号！"我笑着答："怎么可能我绝对……"

我只看到了老师发的会议号。

我真的没发。

"老师自己创了个房间号发群里了，你赶紧去上课吧。"她说完就挂了电话。

我加入后发现课已经开始了，心虚地潜了一节课水，下课发现至少有五个人私信催我发会议号，发送时间正好就是我手机静音的时候。

尴尬死了，真的尴尬死了，这种不同寻常的事情怎么就会发生在我自己身上？明明原来从来都记得发，怎么这次就有了这么大的疏忽？

唉，还不是自己不上心。这差事说大不大，但我要不发就会给第二天的教学带来麻烦，虽然老师没怎么说但是我还是心虚到了极点。

老干一件事固然会烦，可在烦的同时做到不出疏漏才是应该做到的。

要是不上网课，平常我怎么可能会真真切切地体会到这一点？巴掌只有真的打在自己身上才知道疼，丢脸了下次才真得长记性。这种体验，一次就够了。

半夜三点，月亮早就倾斜到了天空的另一头，整个小区里只有路灯是亮着的，没有虫鸣，没有风声。我却“腾”的一下从床上弹起，心里想的是：

“我是不是没发会议码？”

掀开电脑盖子忙活，偶然瞥到右下角的日期——

“哦，明天周六，不用发。”

【点评】

本文写的是一个真实的经历，作者因疏忽而忘发会议码，耽误了同学们上课，才意识到小事也不可以怠慢。

本文一个重大的特色是开头和结尾的描写几乎是一样的，一样的环境，一样的动作，一样的心理活动，前后照应，让人在看到后面的情节的时候，很容易想到，作者是不是又忘记发“会议码”了？

最后却出现了一句：“哦，明天周六，不用发。”

读者跟着作者一起松了一口气啊。

让那抹青铜光影回家

郑轩伊

刺眼的白光蓦地从四周照亮，我站在孤自升起的黑色舞台上。“皿方罍拍卖开始！”你猜得没错，我就是皿方罍——那个被称为“方罍之王”的青铜物件。我满怀期待地环顾四周，却寻不到一双和我一样充满渴望的黑色眼眸。紧接着，此起彼伏的报价声响起，却让我在这异邦更显凄苦。不出所料，终了，一个金发碧眼的男子上前，得意地拿起了我……

唉，我何时能脱下客袍，回到故土呢？我不要这众星捧月的虚荣，我想回家，泪水浸满眼眶，浮现出千年前那个宁静的午后：残红落处，遍地离殇，主人最后一次留恋地抚了抚我头部（器盖）的铭文——“皿天全乍父己尊彝”。一把尘土，一抹桃红，我便与这桃香在泥土中酝酿千年。

平静的黑暗并未让我感到恐惧，却没想到重见天日之时，我的头部（器盖）不见了踪影，我的器身也开始了颠沛流离的生活。算不尽多少春秋辗转，我看过了巴黎迎风沐雨屹立不倒的埃菲尔铁塔，闻过了日本街头如期绽放的淡淡樱花香，也听过了纽约时代广场车水马龙的喧嚣，可一切繁华于我都无足轻重。我最想见证的，不过是家乡数十载的变迁罢了。什么时候才能让我这抹见证过三千年历史的青铜光影回家？

终于有一天，几位贵客到访，重燃了我回家的希望。一身儒雅的中山装褪去了曾经繁重的长袍长袖，却依然掩不住华夏血脉。他俯下身去，沉眸辨认我身上被称作奇异符号的文字。黑色的瞳孔交映着认真与专注，那眼神仿佛穿透千年，让我忆起了主人的眼神——就着阳光，一刻一挑接着一顿，刀锋蜿蜒处深藏虔诚与庄重：

“皿乍父己尊彝，是的，这就是器身部分！和器盖的铭文果然是一套的！”眼前的声音和我内心的呼唤同时响起。是他！是他们！他们是我的亲人！这声音，是我听了三千年的声音呀！我激动得想抱住他们痛哭一场。

多年来的回忆如海水涨潮一般涌进脑海，渐渐拼凑出三千年前小主人打趣的笑意：“爹，这可是我们皿氏家族的大宝贝呢，将来定要让其他部落的人好好看看……”我想，我是不是真的等到这个机会了？我是不是可以回家了？！

几天后，同样是刺眼的白光，孤自升起的黑色舞台。但不再是金发碧眼，我又看到了那群黑头发、黑眼睛、黄皮肤的人们，心中忽然夹杂起忐忑与欣喜——我真的有希望回家了！

之后，一位端着上书“湖南省博物馆”牌子的苍颜老者，庄重地将我装进印有龙纹的盒子中，将我带回了久别多年的故土。意料之外的是，我竟和失散多年的我的头部（器盖）重逢了。在湖南省博物馆内，它就那样静静地躺在玻璃展柜里，悲喜交织间，它伸出双臂向我投来一个大大的拥抱。我想，落叶归根，亲人团聚，没有任何比家更温暖的地方了。

我——这抹青铜光影终于回家了！

【点评】

本文作者把自己想象成皿方罍的器身部分，开头用“刺眼的白光蓦地从四周照亮，我站在孤自升起的黑色舞台上”引出了皿方罍的器身的第一次被公开拍卖，文章倒数第三段用“同样是刺眼的白光，孤自升起的黑色舞台”引出自己被迎接回祖国的怀抱。两个关键性的时刻前后呼应，构成了文章的主体部分。皿方罍作为我国商周时期的“方罍之王”，从出土后就命运多舛。器身和器盖长时间分离。一开始只是在国内的分离，后来器盖珍藏在国内，器身却漂流在海外。国内各界都在为器身的回归做努力。很多文章都写到回归前国内各界对回归的企盼。本文换了个角度，把皿方罍的器身人格化，写器身对回归的企盼以及回归后的喜悦。物尤如此，人更甚之。文物就是我们的亲人，让亲人回到祖国的怀抱，是我们每个人都应该做的努力。本文的意义就在于，再次引发了我们的共鸣！

第五节 象征

迁移之源

玉兰花香（节选）

刘江滨

初冬，一阵阵寒风逼得绿色淡去，树上斑驳的叶子已大半凋落。这里触目可见玉兰树的倩影，虽然只剩下枝枝丫丫，也不是花开季节，空气中却似乎隐约飘着玉兰花的香气。

在吕玉兰巨大的半身雕像前站定，心中暖流涌动。对20世纪60年代出生的人来说，“劳模吕玉兰”这个响当当的名字真可谓如雷贯耳。而且，她曾奋斗于此的临西县和我的老家平乡县同属邢台辖区，地缘相近，乡俗相类，颇有亲近感。这天，带着对传奇的追寻、对模范的崇仰，我专程拜访了吕玉兰的故里——临西县东留善固村。抚今追昔，仿佛一组组蒙太奇镜头，将壮美瑰奇的画面转换连接。

……

玉兰，花如玉，香似兰。吕玉兰生于春天，正是玉兰花开之时。我想，待到春风再度吹拂时，这里的玉兰花一定会绽放得更加烂漫，更香更浓。

迁移启示

《玉兰花香》这篇文章写的是劳模吕玉兰，开篇就用“空气中却似乎隐约飘着玉兰花的香气”，来暗示吕玉兰的精神不仅感染了当时东留善固村的村民，更感染了东留善固村一代又一代的人。在吕玉兰拼搏过的东留善固村，正好有美丽的玉兰花，作者敏锐地发现了这个巧合，构思成文。这种象征的手法，其实早在《诗经》的年代，就已经非常流行了，几千年来，成就了多少经典的作品，这样的手法，值得我们好好琢磨学习。

习作分析

木兰花香

李瀚峥

皎洁的月光被枝叶筛成一片皎洁的光斑映在洁净的织布机上，反射在墙上，宛如一幅泼墨山水画。

山水画伴随着织布的微响——这本应是宁和的夜，却被叹息声与从远方传来的战斗声扰乱了。

木兰的爹娘对女儿的不安有所觉察，当然，他们也接受女儿即将离乡从军的事实。木兰闭上眼，是可汗令父亲当兵出征的诏书；睁开眼，是窗外飘进的木兰花的清香与片片花瓣飘落衣襟。

未眠夜。

她买好了马鞍，买了鞭子，买了女扮男装的衣物，一切都准备就绪，只差道别。她去了父母的小屋，生平第一次那么坚定地同他们告别。挥挥手，就足够了。

她离开了，义无反顾地前行。

她听过了黄河溅溅的流水声，听过了山那边胡人战马的嘶吼，她放下了女孩子的矜持，毅然走上战场。

战场环境的恶劣，木兰以前从不敢想象，可当她拿起战斧，穿上铠甲，她释然了，北方的寒气熄不灭木兰内心的热情。当战友们围坐在一起用夜光杯盛着葡萄美酒取暖，感叹“醉卧沙场君莫笑，古来征战几人回”时，木兰仿佛闻到木兰花的芳香。

十年征战，木兰终于等到了可以回家的日子。她多想变成一只鸟儿，飞回父母的屋前，飞回到那棵老兰花树上。

她回来了，义无反顾地回来了。

晚上，她坐在织布机前，看着皎洁的月光映在墙上，成为一幅泼墨山水画。窗外，木兰花仍在芳香。

未眠夜。

【点评】

本文结构与前面的例文《玉兰花香》有异曲同工之妙，但作者在写作本文前，并没有参考过类似的文章。这只能说，象征这种表现手法，确实是深入人心。

木兰花低调耐寒，像极了花木兰的淡泊和坚韧。

花木兰淡泊，这在《木兰辞》里记载得很明确：“归来见天子，天子坐明堂。策勋十二转，赏赐百千强。可汗问所欲，木兰不用尚书郎。”

花木兰坚韧，这在《木兰辞》里也是有明确的体现：“万里赴戎机，关山度若飞。朔气传金柝，寒光照铁衣。将军百战死，壮士十年归。”

替父从军需要多大的勇气！本文如果直接用议论性的文字赞美这勇气，就破坏了文章唯美的氛围。花木兰淡泊的性格，同样不适合在这样的文章里直接大讲特讲。

这两方面的性格特点，巧妙地借木兰花的象征体现出来，确实是非常巧妙的写作设计！

第六节　层进

迁移之源

捣练子·杵声齐

贺铸

砧面莹，杵声齐。捣就征衣泪墨题。

寄到玉关应万里，戍人犹在玉关西。

迁移启示

贺铸写过一组代思妇、征夫诉说他们的痛楚的《捣练子》，本词是其中一首。本词最有表现力的当属最后两句，先用“寄到玉关应万里”来极写玉关的远，再用“戍人犹在玉关西”来更进一层，写戍人所戍守之地的远。汉武帝时置河西四郡，以他本人的好大喜功，都没有亲临。而玉关又在河西四郡的最西处，历来都被诗人们用来代指遥远的地方。比如李益就曾用班超“愿生入玉门关”的典故，写过经典的“伏波惟愿裹尸还，定远何须生入关”。贺铸先说思妇要将征衣寄到玉关就已经很不容易了，万里之遥，以当时的交通状况来看，有多难大家都可以想见；接着再说所寄的对象——她那魂牵梦萦的戍人——戍守之地更在玉关之西。难怪思妇会“捣就征衣泪墨题”，她真的太难了！

这种“层进”或者说是“加倍”的手法，对我们的写作有巨大的启发！我们可以先把一个情形推向极点，然后再让读者发现，没有最“极”，只是更“极”！

习作分析

原来你是这样的酒

张梓申

最让人动心的是苦难中的高贵。凭着这种高贵，人们可以在生死存亡的边缘上吟诗作赋，可以用自己的一点温暖去化开别人心头的冰雪，继而，可以用屈辱之身去点燃文明的火种。

——题记

约莫是黄昏时刻，你遥遥见了羌村。残阳如血般轧在地平线上，悲哀的红色晕染着村落里错落的房屋，好像在茅草上燃起了一团火。这火焰灼烧着你，使你不敢前进。

沿着那条熟悉的小径，看到的是一栋不再熟悉且破败的房屋。见到你，乡邻纷纷涌来，脸上无一不挂着讶异与唏嘘的笑。

“是杜子美回来了啊，这样一个年头里，活着回来可是件难事。”

夕阳缓缓地沉没在地平线下。乡亲们带着新酿的酒聚在你的房前——一如那年你离乡时的光景。农家自己酿的酒，酒味不仅淡，甚至带着些许苦涩，所以少时你并不喜欢这样的浊酒，却更加贪恋那长安的醇酒。

如今细想来，你在泰山上所窥得的万古长空，不过是一朝风月的虚影罢了。而你的青春，村子的青春与大唐的青春，大抵已经随着五陵年少一并弥散了。

掉头一去是风吹黑发，回首再来已雪满白头。

邻里的热情推辞不过，你便招呼大家落座。村里的老人笑着将一杯酒递给你，边搓着手边说道：“村里的劳动力大都在征兵时被带走了，近年收成越来越少，这酒也越来越淡了。你从京城归来，别嫌弃。”

你点点头，轻抿了一口。的确，除了酒味淡了几分之外，苦涩也增添了几分。可那酒气却哽在喉间，涌上来便点燃了泪水。你带着哭腔，说：“我已经有许久未尝过如此好的酒了。”

不知多少杯浊酒下肚，胸中酒气唤起了多少个饱受乡愁折磨的黄昏，人言落日是天涯，可你望极了天涯也看不到家乡，唯有叛军的喊杀声漫漶了悲伤，漫漶了故人的影子，漫漶了曾经鲜活的记忆……

你已经有，不，或许你从未尝过如此好的酒。只在刹那间，你明白，原来这便是浊酒该有的味道，原来这便是你曾经无比厌弃的浊酒，原来这便是浊酒对你的意义。或许酒味并非那么浓烈，或许对喝惯了醇酒的人来说是如此难以下咽，但它依旧会用苦涩去点醒沉睡着的人们。回望现状，朝廷昏庸，奸佞作乱，此时就应该有这么一杯浊酒挺身而出。而你，杜子美，就要做这样一杯浊酒。

你站起身来，借着酒气高唱了一支歌。歌声浩荡在叠嶂间，只留下月光随波涌动。这支歌赠予款待你的乡亲们，也赠予你自己。

几个月后，你再次被朝廷征召。你清晰地明白掌权者已经对自己有了一层隔阂，征召杜拾遗，不过是为了充数。

但你还是去了，只要有一线为民请命的机会，你也依旧会坚定地前行。就算前路有再多的甘醇，你依然会想念，想念羌村的酒，想念着那份独属于浊酒的苦涩。

我相信，你情愿做那一个伤痕累累的人，殉于对家国的热爱之间，以血泊酹你炽热的愿景。纵然不过是以尘雾之微补益山海，荧烛末光增辉日月。

我也终于明白了，原来你是这样的酒。

【点评】

这是一篇考场半命题作文，题目是《原来你是这样的________》。本文作者特别喜欢阅读古典诗词和文化散文，于是在考场上，选择填入“酒”这个字，借用杜甫《羌村》的写作背景，写成了这么一篇想象文。其中“人言落日是天涯，可你望极了天涯也看不到家乡，唯有叛军的喊杀声漫漶了悲伤，漫漶了……”便是运用了层进加倍的手法。当然这个运用其实也还有典故，它出自宋人李觏的《相思》，李觏这首诗很短，四句两联都用了层进加倍的手法："人言落日是天涯，望极天涯不见家。已恨碧山相阻隔，碧山还被暮云遮。"本文作者把诗词里的手法，熟练地迁移到了作文中，值得我们大家学习！

第三章　修辞手法

修辞手法与狭义的表现手法不同，它更关注的是文章局部的一些修饰。就像房子装修一样，文章的整体布局和局部修饰是同等重要的。

修辞手法方面，其实同学们在小学时训练得比较多，但许多同学到了中学，似乎渐渐停止了这方面的训练。小学时写运动会上运动员们的起跑，用“离弦的箭”做比方，到了中学写运动员们的起跑，仍然用的还是“离弦的箭”。这样的修辞显然是不够的。第一个把月亮比作圆盘的人是聪明的，后续继续把月亮比作圆盘就显得过于普通甚至让人反感了。运动员们的起跑，有没有别的方式来修饰呢？举个评书里的例子，袁阔成先生讲的评书《三国演义》中，黄忠斩夏侯渊这个地方，袁阔成先生是这样写黄忠的刀快的：“黄忠老将手起刀落，比打闪还快，打闪没他快啊！只听得咔嚓——噗的一声，将夏侯渊斩于马下……”“打闪没他快”这种写法，是不是比“离弦的箭”更好一些呢？

曾经在一次看比赛时，听到边上的学生说了一句：“这起跑是真快啊，跟交了闪现一样……”学生这句虽然是玩笑话，但我当时就拿手机记下来了，因为我觉得这也比“离弦的箭”好多了！

所以在修辞手法这个我们非常熟悉的写作技巧方面，我们要做的是尽可能摒弃老套的表达，多创新。创新的基础当然还是多向前人学习，所以本章我们仍然是介绍一些有特点的例子来启发大家的思维。

第一节　通感

迁移之源

清平调（其二）

李白

一枝秾艳露凝香，
云雨巫山枉断肠。
借问汉宫谁得似，
可怜飞燕倚新妆。

与史郎中钦听黄鹤楼上吹笛

李白

一为迁客去长沙，
西望长安不见家。
黄鹤楼中吹玉笛，
江城五月落梅花。

迁移启示

上面选了李白的两首诗，一首是应制诗，另一首是感怀诗，虽然诗的题材不一样，但却有一个共同的特点，就是都用了通感的修辞手法。

前一首应制诗是先把杨玉环比作富贵红艳的牡丹花，这本是视觉，但紧接着李白就说这花“露凝香”了。李白是不可能贴身立于杨玉环身边的，所以他不可能闻到杨玉环身上的香味，但他却写到了香味，这个香味不是他直接闻到的，而是通过视觉而间接感受到的，这是把视觉和嗅觉打通了。

后一首感怀诗是李白于乾元元年（758年）被流放夜郎时经过武昌在黄鹤楼上听到笛声，他的眼前仿佛落下了梅花。当时是五月，梅花是在冬天开放，五月的江城，怎么可能落下梅花？所以这个画面又不是他直接看到的，而是通过听觉而间接感受到的，这是把听觉和视觉打通了。

这两处描写简直是教科书式的通感用法，从李白的描写中，我们可以直观地感觉到李白这个为文学而生的人的文字天赋。

说到天才，我们非常熟悉的还有一位：张爱玲。她曾经说：“桃红的颜色闻得见香气。”桃红的颜色明明是视觉范畴，张爱玲却说“闻得见香气”，这也是把视觉和嗅觉打通了。

这些天才的描写，有理论依据吗？

显然是有的，我们可以从生理和心理两个角度来研究这个问题。先说说生理角度，西方学者认为婴儿的大脑最初是混沌状态，各种感观本为一体，在发育中慢慢分化，形成了相对专一的各种感观。这个其实很好理解，事物总有由简变繁的过程，由受精卵变成一个人，不也得经过细胞分化吗？学过生物学的朋友都知道其实高度分化后的植物细胞都还是具有全能性的。那么，分化后的感观，是不是也可能具有全能性呢？在西方，这种分化后的感观的全能性，叫“Synaesthesia”，钱锺书先生把它翻译为“通感”。这种全能性的强弱，恐怕就是天才作家和普通人之间的区别之一吧。看来，李白和张爱玲的文学天才，可能真的要追溯到基因层面了。

如果通感只由基因决定，那我们在这里专门讨论这个写作技巧，意义就不大了。还好，还有一个心理角度。

还是以张爱玲的“桃红的颜色闻得见香气”为例，这里面有一个经验的问题。

比如说，大部分人都吃过桃子，桃子在视觉方面是桃红色的，桃子在嗅觉方面是香的。于是，桃子在视觉和嗅觉中间，扮演了桥梁的角色，沟通了桃红色和香气。人有了这样的经验，再遇到桃红色的存在时，感觉到香气，也就可以理解了。于是，如果我们在生活中，刻意地去寻找桥梁，来沟通不同的感观，记住两个感观的对应结果，就有可能，在其中一个感观被触发的时候，主动地触发另一个对应的感观。

这才是我们讨论通感这个修辞手法的意义所在，因为它确实是可以通过后天练习而被强化。

张爱玲成为写作天才，固然可能有基因层面的原因，但肯定也有后天的努力因素。张爱玲为了形容她自己行坐走路的姿态，曾经引用了《金瓶梅》里写孟玉楼的句子“行走时香风细细，坐下时淹然百媚”。张爱玲所引的句子里，“行走时香风细细”就是一个通感的例子。一个人行走的样子，本是视觉范畴，但《金瓶梅》的作者，把它写成了嗅觉（香风）和触觉（细细）。一个女子，身上有香味是有可能的，但这里绝不是为了写她“香”，是为了写她的魅力，那种魅力，像“香”一样让人陶醉，像细细的风一样让人痴迷。（就像李宗盛歌词里所说的“再也闻不得女人香”，为什么闻不得女人香？难道每个女人的香味，都和那个“她”是一样的吗？显然不是呀。是因为“香”这种嗅觉，已经和“她”魅力对应了，但凡闻到“香”味，对“她”魅力的记忆就涌上心头。）

张爱玲这样的天才，原来也是有认真研究前人作品中的写作技巧的，并且还熟记于心。那我们是不是也应该这样做呢？打通各种感观，你可能会发现一个全新的世界。

习作分析

一座医院的自述

郭诗涵

一阵阵刺鼻的消毒水混着人挤人的汗臭味在白色病房中蔓延，一群群焦躁不安的情绪在医生刻意压低的声音下却愈发高涨，一团团死亡的恐惧惊现，这是一个充满生死离别的墓场。一位位白衣的天使作战，这是一个充满希望和光明的战场。

我，是一座医院，一座白色的医院。往日里的我都在昏昏睡睡里度过流年。但今年，病毒却把我唤醒。

街上的柏油马路湿漉漉的，斑斓的街灯闪着青、黄、橙颜色的灯火，晃了人的眼。我愣愣望着一辆辆救护车进进出出带来了生命，却送走了死亡。一阵阵白色的悲哀气息我闻得心酸，一字字求生的渴望我听得真切。

一切好像都静止了。人们静默得像石雕，石雕静默得像人们，滴滴答答的指针听得分明。你以为病入膏肓最绝望？不，你且记着，一位病人不知自己仍否还有希望时，绝望才是最强烈的。正当我和我体内的人们已被绝望覆盖时，他们来了。

各地医护人员的到来像新鲜空气一样驱赶走了阴霾。外面的天空前脚还是阴雨连绵，乍一下又变得晴空漫天，这阴阳的转变，快得让我惊艳。无论是白发还是黑发，他们都前来作战，一次又一次地从死神手里抢回来生命。眼镜雾气茫茫，脸上勒痕条条，背后汗液点点我都体会得到，他们带来的生机，如春天的新泥混着嫩草一样，甜甜的、暖暖的。

因为他们的到来，人们重新树立了信心，慢慢地又有了欢乐声。此情此景，我却颇有些感慨，那些病人可能不知道那些医护人员以自生换他们生，用自己的身躯在病魔与病人之间硬生生筑起了一座墙。唉，哪有什么烟青云淡，喜乐祥和都是因为有他们在我们身前砥砺前行。

他们离去的那一天，天刚亮就下起了雨，虽然前几天下过一阵，但地面微微湿了点就草草收回了。但此时天空却挤满了阴云，春雨伴着病人的感谢和敬意淅淅沥沥地下起了雨，滴答声、说话声不绝于耳。

我听到大家胜利后的兴奋。

“太棒啦。”终于结束了，那我这个医院也终于可以好好休息了。

【点评】

本文写作角度已经非常有创意了。“我”是一座医院。于是，通篇都拟人了。既然医院已经人格化，那对各种感官的描写是少不了的了。

“一阵阵白色的悲哀我闻得心酸”“如春天的新泥混着嫩草一样，甜甜的、暖暖的”……文中刻意大量运用通感的修辞手法，用形象的语言使感觉转移，使得人的听觉、视觉、嗅觉、味觉、触觉等不同感官互相交错，使意象更为活泼、新颖，赋予读者眼前一亮的感受。

第二节　比喻

迁移之源

石榴（节选）

郭沫若

单那小茄形的骨朵已经就是一种奇迹了。你看，它逐渐翻红，逐渐从顶端整裂为四瓣，任你用怎样犀利的劈刀也都劈不出那样的匀称，可是谁用红玛瑙琢成了那样多的花瓶儿，而且还精巧地插上了花？

单瓣的花虽没有双瓣的豪华，但它却更有一段妙幻的演艺，红玛瑙的花瓶儿由希腊式的安普剌变为中国式的金罍……

你以为它真是盛酒的金罍吗？它会笑你呢。秋天来了，它对于自己的戏法好像忍俊不禁地破口大笑起来，露出一口皓齿，那样透明光嫩的皓齿，你在别的地方还看见过吗？

迁移启示

不可否认，郭沫若不仅是研究甲骨文的天才，也是一个运用白话文的天才。

在《石榴》这篇散文里，他先将石榴花比喻为“红玛瑙琢成的花瓶”，这个比喻已经非常奇特了。他继续写石榴花的动态变化的时候，继续用奇特的比喻，而且联想实在是丰富，先联想到“希腊式的安普剌”（一种流行于地中海沿岸的用以盛装液体的圆身细颈小瓶），再联想到“中国式的金罍”（一种流行于殷、周时期的大型盛酒器）。他继续写石榴花在秋天变成果实的时候，把更是把石榴籽比喻成

"忍俊不禁地破口大笑"从而露出的"一口皓齿"。

比喻这个修辞手法没有任何人不会运用，但是，看到这样的天才的描写，我们真的会觉得自己平时的比喻，确实少了太多的特色。请原谅我再一次想到天才的张爱玲。张爱玲说"还没有过何种感觉或意态形致，是她所不能描写的，惟要存在心里过一过，总可以说得明白"，张爱玲这句话多让我们羡慕啊。我们是常常提笔搜索枯肠，却憋不出几个字，常常憋出来又觉得没有表达出心声，再揉掉，可张爱玲仿佛是能"使万物自语"，张爱玲曾这样比喻她的好友苏青："苏青的美是一个俊字……她的脸好像喜事人家新蒸的雪白馒头，上面点有胭脂。"

如果我们把某个俊俏的人比作馒头，可能会被人"打"……但是，如果加上"雪白"二字呢？可能被比之人心里会舒服一点，至少认为我们是在夸他（她）白。张爱玲的比喻妙在哪呢？她用的喻体，是"上面点有胭脂"的"雪白馒头"。这"点有胭脂"的"雪白馒头"美得纯粹啊，美得干净啊！同样是写红色，普通人只会写"樱桃"来喻小嘴，张爱玲这样的天才，用的是"胭脂"！

张爱玲是怎么想到的呢？我猜她平时看到雪白的馒头时，可能会调皮地点上一点胭脂，或者是，她平时看到被点了"红曲"这种食用色素的馒头时，会把那"红曲"想象成"胭脂"。本来"胭脂"是涂在脸上的，本来"馒头"是用"红曲"点的。但在张爱玲这里，直接乾坤大挪移了。张爱玲的这个技巧，值得我们学习。我们不能只在一旁为张爱玲的技巧叫好，我们还要尽力去分析她的技巧是如何生成的。这样的阅读，才是有刻意训练的阅读，才更有可能让我们也学到天才作家们的写作技巧。我在教学中，喜欢把这个技巧叫作"本喻体重构"。就是把本体的某个特征、某个属性，直接嫁接到喻体上，重构一个自然界中不存在的喻体。

所以天才作家的敏锐，理论上也是有希望学会的。

习作分析

白昼的月亮

徐君陶

一片海蓝的天空，一轮初升的旭日，一条冷清的土路，一栋寂静的茅屋……

孔丘坐在石凳上，眼前是青砖红瓦的贵族学府——辟雍。有一个穿着粗布衣、上面打满了补丁的孩子，正站在学府门口，牵着母亲的手。没过一会，一位老师走了出来，伸出了手，明显在索要。他母亲低下头，弯着腰，赶忙从兜里掏出了几个土豆，双手递了过去，上面还隐隐冒着热气。那老师很鄙夷地摇了摇头，连看都没有多看一眼，转身关上了厚重的木门。

母亲慢慢回过身，茫然地站在土路上，眼眶里盈满浑浊的泪水，呆呆地望着手中的土豆。随后，她小心翼翼地把土豆收进兜里，牵过孩子的手，紧紧握住……孔丘注意到，孩子的脸上挂满了失望的泪珠，在阳光照耀下更显晶莹，他跟在母亲后面，慢慢地走着，时不时回头望望。学府高大的飞檐，在蓝天的映衬下，仿佛蔚然屹立的猛兽在翘首凝望……

孔丘看到这里，目光变得呆滞，表情陡然凝重。突然，他精神一振，似是在心里做了个重大的决定，猛然站了起来，快步往家的方向赶去。

远处坡顶一棵老树，许多枯藤缠绕着它，乌鸦站在树丫上，一副疲惫不堪的神情。一阵狂风卷过，天边有黑云压过来，瞬间铺盖了整个上空，周围一下子暗了下来，学府的红色屋顶顿时湮没在雨雾之中。

孔丘静坐木桌前，手中握紧一支毛笔。面前晃动的烛光时不时爆出烛花，在沉寂的屋中显得尤为清脆。他的眉毛紧蹙，还时不时用手捋着胡子，吸饱了墨汁的毛笔在手中轻轻颤抖着，竹简上却还是空白。

他放下毛笔，推开窗子，仰望着天空翻滚的云海。突然，孔丘在黑色云朵的空隙中，隐约地看到亮光——是金色的、弯弯的、若隐若现。“这不就是月亮吗？旭日东升，它却还流连在白天的天空，莫不是在昭示世人，黑暗的时代已经来临？德之不修，学之不讲，闻义不能徙，不善不能改。世人皆睡，哪里会有人注意它呢。今天早上的事情，我一定要改变。”

他俯下身，在竹简上写下坚定的字迹。

一夜未眠。

第二天一大早，人们走出家门，发现他们的门外挂着一个个竹简，上面写着：“自行束脩以上，吾未尝无诲焉。”

这可是亘古未有的事情——从夏商至今，读书都只是贵族的特权，目不识丁才是平民们的宿命。

于是，整个镇子轰动了，许多人手里提着肉条，跑过来求学。在人群之中，还有昨天那对母子，最让他们惊诧的是，土豆竟然一样可以作为学费。岂止是她，好多的大人孩子都忍不住一直在笑着，仿佛一轮弯月挂在一张张绽开的笑容中，大家的眼神里充满了喜悦，仿佛在说：“普通人家的孩子也可以读书认字了！”

岂止是读书认字，子以四教：文、行、忠、信。孔丘是下决心要教育孩子们如何行事和做人！

一轮圆月远远地悬在清晨的天空——蓝色的天空。

【点评】

《唐子西文录》记载：“蜀道馆舍壁间题一联云：‘天不生仲尼，万古如长夜’。不知何人诗也。”

“天不生仲尼，万古如长夜。”究竟是谁写的，看来已经难以考证了，但这不重要，这句话确实毫不夸张地写出了孔子在中国文化史上的地位。有了孔子，长夜不再漆黑，那孔子不就像夜空里的明月吗？

把孔子比喻为夜空中的月亮，前人已有先例。但本文巧在，把孔子比喻为“白昼的月亮”。并且用“旭日东升，它却还流连在白天的天空，莫不是在昭示世人，黑暗的时代已经来临……”这句阐述了这个比喻的特殊意义。这个特殊的意义就是，孔子在黑暗到来前，预见到了黑暗，并用他的行动让后人在黑暗中，也能看见光亮，看到希望。

第三节　反复

迁移之源

大堰河——我的保姆（节选）

艾青

大堰河，为了生活，
在她流尽了她的乳汁之后，
她就开始用抱过我的两臂劳动了；
她含着笑，洗着我们的衣服，
她含着笑，提着菜篮到村边的结冰的池塘去，
她含着笑，切着冰屑悉索的萝卜，
她含着笑，用手掏着猪吃的麦糟，
她含着笑，扇着炖肉的炉子的火，
她含着笑，背了团箕到广场上去，
晒好那些大豆和小麦，
大堰河，为了生活，
在她流尽了她的乳液之后，
她就用抱过我的两臂，劳动了。

迁移启示

为了赞美保姆——大堰河的勤劳和善良，艾青在这里一连反复使用了六个“她

含着笑”，使无私的大堰河形象跃然纸上。

反复，是根据表达需要，有意让句子或词语重复出现的修辞方法。早在《诗经》里，这种手法就已经非常成熟，但在诗经里，通常被称为“重章叠句”。

比如：“采采芣苢，薄言采之。采采芣苢，薄言有之。采采芣苢，薄言掇之。采采芣苢，薄言捋之。采采芣苢，薄言袺之。采采芣苢，薄言襭之。”

又比如：“彼狡童兮，不与我言兮。维子之故，使我不能餐兮。彼狡童兮，不与我食兮。维子之故，使我不能息兮。”

反复就是为了强调某种意思，突出某种情感，渲染某种氛围，特意重复使用某些词语、句子或者段落。《诗经》开此风气，后世文学作品更是将其发扬光大。

我们在写作中，完全可以刻意练习，每次写作时，都多想一想，文章里是否能将某些“部件”反复呈现。长此以往，习惯成自然了，文章的感染力自然就增强了。

习作分析

小　巷

刘轩宇

有条小巷，已被人遗忘，无妨宽窄，何必有窗。任秋风冰冷衣裳，砖瓦遮盖天光。有一个身影，在黑暗中挣扎游荡，他静对着一堵沉默的墙，用钥匙轻叩出声响，摸索回家的方向。可没人关心他全部的故事，只顾着各自奔忙。原来他竟也曾逆流而上，走过一条小巷那么长。

水太冷

城破了。

金陵还是那个草木深的金陵，只是少了个受难于安史之乱的杜甫，多了个受难于朝代更替的钱谦益。他看着面前的秦淮河，耳边又响起了《后庭花》，眼前又是一片歌舞升平，似当年西湖边，“我闻室”前，有柳如是相陪，还可谈天说地，还可谈情说爱……

“你还不下去。”耳边的声音好像是从十八年前传过来的，却把他拉回到现在。

清秋的午后，他从浅滩往江中走，用手提起身前赤市，高抬腿轻落足。

“啊！如是。这水太凉。”气得柳如是要直接跳入江中，结果还是被他拦住了。

后面的清军已然到了，他临危不乱，从满身朱红之中拿出了一条素色旗帜，转眼间就成了清军的座上宾。

又是清秋，外面的人叫喊着：“留发不留头，留头不留发。”

“这秋天真凉啊，头皮痒得厉害！”钱谦益就走到了这比秋水还冷的街上，任由明的遗民向他吐口水，剃了发梳了辫子。

还是清秋，他正与柳如是在旧日文坛聚会的虎丘游玩，一个士子身着右衽大袖的灰布长袍，双手前伸向钱谦益平磕一个头，问他他这身小领大袖的布褂是如何一个讲究。

“小领者，遵时王之制，大袖乃不忘先耳！”他还微微向前挺了挺身子，头向上扬。

“公真可谓两朝领袖矣！”士人低头，又笑又恼。

笑是笑他恬不知耻，用清的领子，用明的袖口。

恼是恼他曾是东林党领袖却做了降清的“名臣”。

钱谦益想快点走出这个比水还冷的地方，想逃脱这个屈辱的场面，但奈何“普天之下，莫非王土”，又能去哪里呢？前面的小巷又弯又长，没有门，没有窗……

心太热

一盏孤灯衬托着他的影子，只留了一缕，还映照在已经被泪水打湿了的密诏上……

忍辱负重不是他愿望，但为了光复明朝，也只能如此，不让那普天之下的王土不再属于中华，不让海角崖山一线斜——没有他的经费就没有常州起义。

清秋的雨水很冷，可以摧残枯枝落叶，可以打落桂花菊花，但打不湿也浇不灭钱谦益的抗清复明的心。雨点落在黄毓祺的蓑衣上，来去间，多了怀中干燥银票。但换来的，也只是常州起义的失败，黄毓祺的被捕，钱谦益的下狱，柳如是花重金才买得钱谦益的一命。他又三次策反马进宝，使郑成功得以兵临南京城。

"编户争传归汉籍，死声早已入胡笳。那天快到了，我且学学草堂先生写几首《秋兴》。全当为他们提前庆功了。"钱谦益的声音仿佛打动了一片清秋的草木，萧瑟之声伴着洪波涌起，他们都等不及了。

"杂虏横戈倒载斜，依然南斗是中华。"这《金陵秋兴八首次草堂韵》换来的不是再一次的城破，不是明军，而是郑成功兵败的消息，是"望断关河非汉帜，吹残日月是胡笳"。

只得是清秋，孤灯之下是钱谦益的影子和已经不存在的弘光小朝廷给他的密诏，让他暗中帮助义军。并非他不想抗清，并非他不作为，并非他不尽全力，他一直在用那似旧钥匙的诗和对明的爱敲着越来越厚的清军的墙，但还是背负骂名，只因未死。

"忍看末运三辰促，苦恨孤臣一死迟。"

【点评】

由于"水太冷"的典故，钱谦益的人品在历史上一直为人所诟病，本文作者却反其道而行之，两个小标题"水太冷""心太热"形成鲜明对比，用无门无窗的小巷暗示钱谦益当下进退两难的处境，为他的心路历程给出了合理化的解释。“清秋的午后”“又是清秋”“还是清秋”“清秋的雨水”“只得是清秋”……以“清秋”为线索的场景在文中反复出现，层层递进，既渲染了环境萧瑟的氛围，又将钱谦益复杂多面的人物形象抽丝剥茧地展现在读者眼前。值得格外注意的是，这里的“清秋”，不仅仅是线索这么简单，这是作者刻意设计的反复手法。

随带说一句，本文算是一篇“翻案文”了，其中密诏这一细节，是有历史依据，并非作者主观臆构。历史事件有时就像诗词一样，具有多义性，所谓“辨不完的忠和奸”，良有以也！

车　站

张曦文

喜鹊窝旁有座显得格外老旧的车站，那个车站我特别熟悉，每当家人提起那个车站时，我都会后悔我当初的决定和我当初的想法。

夕阳西下，阳光渐沉，随着这一天的倒计时，我知道从我出门的那一刻，我曾祖父的生命也在倒计时。

我一手挽着曾祖母，一手拿着泡泡机，蓝蓝的泡泡闪烁着光辉，当我走到车站时一瓶泡泡水也玩完了，我哭嚷着让我曾祖父再去买一瓶，曾祖父挠了挠头，望向远方对我说，等到公园以后我再给你买好不好，乖，车站附近的小店一般都会贵两三元，等下车以后我再给你买。我丧着脸坐在那不动，看着夕阳西下，阳光渐沉。曾祖父只得过马路去给我买，这回我抬头望了望车站，殊不知，几秒后我将会再也不想来到这个车站，它会给我的记忆留下一道深深的疤痕，抹不掉，更是忘不掉。

唰……我看到我曾祖父的一生轻轻飘起，渐行渐远渐无声，我又看到我曾祖母的眼里裹着的热泪，潸然落下。而我则完全傻了。

夕阳西下，阳光渐沉。同样的时间，同样的地点。当我曾祖母再次来到这个车站去怀念我曾祖父时，她犯了永久的哮喘，伴随着思念的悲痛和身体上的哀痛，她也便永远地沉默了。

有时我很后悔，假如当初我没让曾祖父去买泡泡机，再或者那天我们就不去那个车站，会不会一切都反转？当年他的死或许就是我害的，或许……

夕阳西下，阳光渐沉，时间倒流，我们三个人，一少两老，再次来到那个车站，我希望等到的可以是另外一个结果。

毕竟那天……

还是他的生日。是她的爱人的生日。

【点评】

“夕阳西下，阳光见沉”的句式在文中三次反复出现，表明了时光的流逝，也暗示了作者落寞惆怅的心情。本文“夕阳西下，阳光渐沉”的句式在文中三次反复出现，表明了时光的流逝，也暗示了作者落寞惆怅的心情。反复就是为了强调某种意思，“夕阳西下”不但强调了时光的流逝，而且还给人很强烈的“流动感”；反复就是为了突出某种情感，渲染某种氛围，“阳光渐沉”的反复出现，一再暗示人物情绪的低沉，文章的感染力自然就强了。

第四节　引用

迁移之源

踏莎行·赋稼轩集经句

辛弃疾

进退存亡，行藏用舍。小人请学樊须稼。衡门之下可栖迟，日之夕矣牛羊下。

去卫灵公，遭桓司马。东西南北之人也。长沮桀溺耦而耕，丘何为是栖栖者。

迁移启示

《红楼梦》里，曹雪芹让宝玉说了一段话：“常听见古人说：‘编新不如述旧，刻古终胜雕今。’况这里并非主山正景，原无可题，不过是探景的一进步耳，莫如直书古人‘曲径通幽’这旧句在上，倒也大方。”

这段话里引用的“编新不如述旧，刻古终胜雕今”显然是不周全的一句话，我们进行文学创作，肯定是要有创新的。但是，很多时候前人非常精彩的内容，为我所用，也确实是一种非常好的选择，甚至有时还能有非常特殊的效果。

比如辛弃疾这首《踏莎行》，句句都引用了典故。“进退存亡”引用自《易·乾·文言》的“知进退存亡，而不失其正者，其唯圣人乎”；“行藏用舍”引用自《论语·述而》的“用之则行，舍之则藏”；“小人请学樊须稼”引用自《论语·子路》的“樊迟请学稼……小人哉，樊须也”；“衡门之下可栖迟”引用自《诗经·陈风·衡门》的“衡门之下，可以栖迟”；“日之夕矣牛羊下”引用自《诗经·王风·君子于役》的“鸡栖于埘，日之夕矣，羊牛下来”；去卫灵公引用自《论语·卫灵公》的“卫灵公问陈于孔子……明日遂行”；“遭桓司马”引用自《孟子·万章上》的“孔子不悦于鲁卫，遭宋桓司马”；“东西南北之人也”引用自《礼记·檀弓上》的“今丘也，东西南北之人也”；“长沮桀溺耦而耕”引用自《论语·微子》的“长沮桀溺耦而耕，孔子过之，使子路问津焉”；“丘何为是栖栖者”引用自《论语·宪问》的“丘何为是栖栖者与？无乃为佞乎？”。

有些人讥讽辛弃疾填词喜欢“掉书袋”，认为辛弃疾填词就是卖弄自己肚子里的典故。

但这些人可能没有搞明白一个问题，写文章用典故不仅有“含蓄”的优点，更重要的是，能用最精练的语言，精确地传递出作者的写作意图。

有人会说，很多人不熟悉古书里的典故，文章里典故多会影响这些读者阅读。

提出这个问题的人，是不是也会认为很多人识字不多，文章如果不标拼音，会影响这些读者阅读呢？

习作分析

与民同乐

杨智朗

人生百年，把几多风月琴樽等闲抛却；是翁千古，问尔许英雄豪杰哪个醒来？

——题记

最后一抹斜阳，斑驳了滁州城，看尽了过往繁华。几只燕子剪剪而过，呢喃之声如珠子滑落，不知落入谁家。

被贬之痛在欧阳修心中徘徊不断。

回首，凝眸，惊鸿……

他看着那座“翼然立于酿泉之上”的亭子，感慨万千。看夕阳渐渐没入水中泛起阵阵涟漪，桃红色的晚霞朦朦胧胧地映入了他眯缝的眼睛。

通红的夕阳，恍如通过墨绿色的树梢，树影在山的遮挡下浮现出一片黝黑。掠过树梢的夕阳，刺痛了他疲惫的眼睛，他闭上双眼，静心冥想。

谁说被放逐流离不使人痛苦，不然心中怎会遗留抹不掉的伤痕?

谁说那心头痛难以排遣，不然怎会有“醉翁之意不在酒，在乎山水之间也”这一说?

于是他便自号“醉翁”，品家中藏书一万卷，读三代金石遗文一千传，喝一壶老酒，与友人对弈一盘棋，弹一方古琴，与他自己——一老翁，逍遥在琅琊山，赏山水之乐。

“轻舟短棹西湖好，绿水逶迤，芳草长堤，隐隐笙歌处处随。”他时常“朝而往，暮而归”，走过千山万水，在鹧鸪的歌声中淡忘了心头痛；他时常与滁州城那一方百姓出游，与作亭者智仙共饮，在花鸟雨露之中唤醒了那沉睡多年的“醉翁情”。

如果说滁州百姓是那枝芽上的硕果，他则是根，一生一世在地下，一心一意为百姓，向下向下……

但奇怪的是，他并不抱怨，也不讲话，反而乐在其中，与民同乐。孔子说“君子固穷”，果断不错。

“酿泉为酒，泉香而酒冽，山肴野蔌，杂然而前陈者，太守宴也。”宴会上没有什么规矩礼节，只需随心而楚，随意而品。“花气蒸浓古鼎烟，水沉春透露华鲜”，有欢歌笑语，却没有乱耳的丝竹之鸣。当有人玩得尽兴时，他却醉醺醺地坐着似乎很颓废，可他却早已心满意足。

似乎与民同乐，便是那在他心中绽放的小荷，便是那“醉翁情”；能造福一方百姓，便是他的“乐其乐也”所指了罢。

他坦然，被贬却不觉委屈烦闷，等到滁州城被他治理得像一幅山水画时，他已然成了名传千古的醉翁。

【点评】

本文开篇就引用了醉翁亭里的一副对联“人生百年，把几多风月琴樽等闲抛却；是翁千古，问尔许英雄豪杰哪个醒来？”来当题记，已经暗示了文章的写作对象是欧阳修了。

后文的引用更加精彩，除了对大家熟悉的课文《醉翁亭记》的恰到好处的引用外，还引用了欧阳修《采桑子》词作和欧阳修晚年的自号“六一居士”的来历，更有在文中穿插《论语》中的句子，来体现欧阳修思想的源头。

最让人感到意外的是像南宋词人张元干“花气蒸浓古鼎烟。水沉春透露华鲜”这种不为众人熟知的词句，也被作者融入文章。足见作者胸中“丘壑”之“风流”！

第四章　化股绵掌

前三章我们介绍的是写作的基本技巧，本章我们介绍一下写作的延伸技巧。其实与其说是技巧，不如说是意识！

很多同学写的作文，改卷人或家长甚至学生本人，常常看了第一行就不想往下看了。为什么呢？文学性太差！这有技巧的问题，更有意识层面的问题。首先有一个前提意识，就是，写作文的时候，是用应付的态度来写“新八股文”，还是把作文当成文学作品来创作。

如果每位同学，写每篇作文时，都有把文章当成一个作品来创作的前提意识，我们就可以继续研究后续的实操意识了。

比如，是否有意识把某些文章分成多个片段来写？有人会问，把一篇600字或800字的文章写成多个片段，每个片段是不同的素材，这是不是有偷懒的嫌疑？回答这个问题，要分两种情况，第一种情况是学生每个素材都写不长，用多个素材来凑字数，这种情况肯定是偷懒，不足取！但第二种情况是学生能把素材写长，但是，写短一些，能腾出篇幅多写一些素材，让文章更丰富，这种情况就不是偷懒了，而是对读者的负责，即所谓的“写作经济学”，能用一句讲到位的，绝不写得冗长来浪费大家时间！

再比如，是否有意识把文章写得幽默一些？是否有意识把文章写得诗情画意一些……这些我们将在下面的各节里详细介绍，以期扭转一些“新八股文”的写作倾向。为了身体力行地“创新”，也为了让同学们加深远离“新八股文”的意识，就借用金庸先生的小说里的一门功夫来对这些写作意识进行总体命名：化股绵掌。

第一节　化整为零

迁移之源

亲近·感悟

凌兰

清秋庭院素丸下，翠松投荫谁家。芳气古鼎蒸余葩。新茶煎潺水，贴面嗅桂花。

——题记

初识香

和大多数都市里长大的孩子一样，我从小就过着在学校、家、补习班这样三点一线的日子里，并没有太多机会接触这些“对成绩没用的雅致玩意儿”，所以我在我人生的第一个十年里，并未留下“香”的踪迹，初识香是前年学期末的事了。

我结束了一天的学业，疲惫不堪之际，家里发来信息说，大人们晚上都有事，让我自己在外面解决晚饭，我只得拖着沉重的双腿走向街尾那家我素来认为过分简朴而从未光顾的面馆。

打开紧闭的玻璃门，意外地嗅到一阵清香——令我恍惚间如身处春日早晨的山道。困倦和疲劳瞬间被愉悦和轻松取代，我点了一碗清汤荞麦面，点餐之际询问老板娘，才了解到她是一位玩香之人。

初识香，我感觉到我的灵魂突然洗去了多年尘落的俗世腥气。

亲近香

一辈子关在鸟笼中的鸟不会挣扎，但只要见过一次蓝天，它就不甘再被禁锢在黑暗中。头一次接触“香”，让我贪婪地想再次享受它，便总找各种理由去那家面馆。老板娘好似看出了我对“香”的痴迷，于是总有意无意地与我聊一些有关香的话题。

我了解到她从不使用市面上流行的那种名贵香品，不是因为它们昂贵，而是因为华丽浓重的香气让人心浮气躁。不如用朴素的、天然的原料，以最简单的加工，追求返璞归真的气息——正是那最开始吸引我的，由造化慷慨赋予植物的原生香气。

用古法所制的木樨（桂花）香尤其让我沉醉。桂花未经繁复的加工所呈现的清香的香气，有种“草木真天香”之妙。《陈氏香谱》中所记的一种“木樨香”方是我至今能找到的与她所制的香最为相似的香谱。现在读来，其诗意之盛仍然让人陶醉：趁桂花才开放三四分的时候，将花摘下，用熟蜜拌润，密封在瓷罐中，深埋入地下，进行一个月的“窨香”程序。待到焚香之时，就把一朵朵窨过的桂花放在香炉中的银隔火板上，随着炭火悄熏，桂花一边吐香，一边慢慢打开，待到花朵完全绽开，也便是其清芳散尽之时。

感悟香

老来面馆，一来二去终与老板娘熟络了。在我的软磨硬泡下，她同意教我品香和制线香。

我总觉得，香不就是制作时讲究技艺吗，慢慢却发现，同一块香，不同人来把握，出来的效果截然不同。老板娘焚的香，出香绵密；而我则不懂掌握温度，呈现出的香气不仅不细腻，还浓呛短促。

而搓出的线香更是差异甚远，我的又短又粗，两头粗细不匀；而老板娘的动作不疾不徐，就像是精心制作的一盘菜，最后搓出来的香匀称如一，看上去很是享受。

这时候，才明白她所说学习香课中“心境”的重要性了。在她的系统里，学习品香，就是掌握心与香的连接度。细致的人容易学好，因为不囫囵吞枣，耐心感受香的内涵，就很容易感悟香的精粹。

迁移启示

《亲近·感悟》这篇文章，其实不是非常好写，亲近与感悟都不是一蹴而就的事，需要一个过程。作者直接把文章切分成三个片段，用小标题隔开，从小标题上就能明显地看到这个过程。这样的文章处理方法，结构明确，信息量大，可以在每个片段里，删去许多不重要的细节，让重点更突出。

我们很多同学写文章有一种惯性，总觉得一篇文章只能写一件事。这其实非常不好！黄庭坚曾经好奇于苏东坡独特的毛笔握笔方式，苏东坡的回答是："握笔无定法！"很多人都觉得毛笔只有一种握法是科学的，但其实历史上有过各种握法，且大多都有名家为其代言，比如：二指法、三指法、五指法、双钩法、单钩法、捻管法、回腕法、拔镫法、撮管法、握管法……

毛笔只是一个书写工具，都有这么多握法。可以吞吐宇宙的文章，怎么会有固定的方法呢？文无定法！"化整为零"就是写文章的一个重要的方法。

习作分析

诗词之趣

沐渊

人都是爱玩的，没有乐趣的事，大约都不大愿意做的。我不愿意看足球赛，因为国足老输，真的没有乐趣；我不愿意刷理科题，因为我脑子里天生好像少根理科弦，总是无法体会许多同龄人能体会到的乐趣……但是我喜欢读诗词，我从小就觉得读诗词特别特别有趣，我仿佛是为诗词而生的——爸妈、老师和同学，都这么说。

童　趣

和许多孩子一样，我很小的时候，爸妈也教我背诗，教的自然都是一些与儿童有关的诗，当时我就觉得好玩，现在我长大了，学会了专业术语，原来那些诗是“充满童趣”。比如“蓬头稚子学垂纶，侧坐莓苔草映身。路人借问遥招手，怕得鱼惊不应人”，哈哈，怕吓着鱼，连人都不理了；又比如“一叶渔船两小童，收篙停棹坐船中。怪生无雨都张伞，不是遮头是使风”，这俩孩子不想划船，把伞当帆偷懒用……我读着读着就想笑，儿时诗词陪伴的时光，真的充满乐趣。

理　趣

长大了些后，懂点事了，有“童趣”的诗满足不了我啦，爸妈开始教我一些有“理趣”的诗。外国诗读得比较少，给我留下最深印象的是于尔克·舒比格那首：“洋葱、萝卜和西红柿，不相信世界上有南瓜这种东西。它们认为那是一种空想。南瓜不说话，只是默默地成长。”好有道理呀，我也要做一个默默成长的“南瓜”！我从那时就把QQ名改为“不说话的南瓜”了，到现在都没有再改过。至于中国的古诗词，有深深理趣的就读过太多了，不知选哪首好，干脆就暂时不选了吧（原谅我遇上选择困难症）。

情　趣

再大一些，我慢慢能体会诗人的细微的情感了。爸妈不教我诗词了，怕耽误我做作业。可是我已经爱上了诗词，没有什么可以阻挡我继续热爱它啦。我开始用各种时间自己读。我读到阮籍的“夜中不能寐，起坐弹鸣琴”时，我会好难受，我知道他痛恨司马氏集团的篡权却无能为力时的忧伤；我读到岳飞的“知音少，弦断有谁听”时，我会好愤慨，我理解他一心要精忠报国却报国无门的无奈；我读到辛弃疾的“昨夜松边醉倒，问松我醉何如。只疑松动要来扶。以手推松曰去”时，我会想和他一样喝醉，好感受一下他壮志难酬的绝望；我读到纳兰性德的“我自中宵成转侧，忍听湘弦重理”，我会好遗憾我没有出生在清朝，不能目睹这位千古少见的天才情种……很奇怪，虽然这时的我，总读一些让人伤感的诗词，却居然乐在其中。不是我残忍，不是我喜欢欣赏古人的悲剧，是因为我发现我读到了诗词中的情趣。这诗词里，分明是一个一个活生生的有感情的人。“趣”不仅仅只局限于“乐趣”，谁说忧伤不也是一种趣味呢？

从小时候读诗词，会觉得写“梨花满地不开门”的诗人为什么这么懒不去扫地，到现在能理解“寂寞空庭春欲晚”的诗人他的时光确实只能消耗在“泪痕”里，我觉得我和他们能“隔代相识”，能“会心一笑”了。这一份份“趣味”带来的感动，让我深陷其中，无法自拔。

我觉得我这一生，也不会想把自己从诗词之趣中拔出来了。

【点评】

本文是一篇半命题作文：《 ______ 之趣》，不论空格处填什么，都要注意一个问题：有趣的事物，通常可以在多方面表现出趣味。如果我们只写一个故事，说服力会弱一些。此时“化整为零”的意识就派上用场了。

本文作文选取诗词的素材，这个选择就非常成功了，因为诗词的趣味，不夸张地说，真的是写也写不完！此时需要做的事，就是分类，把自己觉得有趣的诗词，分出几个类别来，每个类别举些动人的实例，文章就非常饱满了！

写诗词类的文章，最忌讳反复运用别人经常用的诗句，因为很难写出新意来。本文作者在“情趣”这个片段举的实例就比较新颖，年代跨度还很大，更重要的是，感染力强，这个功夫定是源于对诗词的热爱。选择热爱的素材，深入挖掘，这种写作态度，值得同学们学习。

第二节　化今为古

迁移之源

少年风采

陈佳音

一身亮丽的戎装身上穿，一支锋利的刀剑腰间带，一根细长的长矛手中拿，一匹健壮的马儿胯下骑……

“阿爷无大儿，木兰无长兄，愿为市鞍马，从此替爷征……”

烈日普照大地，连地上的最后一滴水仿佛也举起了白旗，阳光透过战场边的几棵疏少的老树，经过树叶的层层筛选后，斑驳了大地，也斑驳了屋舍的墙壁。

远处有一个小黑点，随着时间的推移，它逐渐放大，仔细一看，原来是木兰和她的战马。

带着一股年少才有的风采与轻狂，木兰与突利子激战了起来，勇不可当。

前方的敌将进退无路，眼看木兰左砍右杀，吓得瑟瑟发抖，赶忙弯弓搭箭，只听“嗖”的一声，箭被直直地射了出去，木兰猛听一声弓弦响，知道有人放箭，连忙躲闪，不料这支箭正中左臂……

众将大惊，打算护送木兰回营，这时她却奋然地说：“小小箭伤，能算什么，破敌立功，正在此时！”说着，抡枪跃马，继续追击。

时间在不经意时从指缝中悄然流走，天色逐渐暗了下来，夕阳西下，凄凉的北风随之扑面而来……

战斗的势头依旧不减，几个回合之后，突利子左右冲撞，不巧正偶遇木兰，急欲走又无去路，只得拍马向前来战。

木兰终于看准时机，手疾眼快，在突利子不注意时，便一把抢走了枪头，并顺势握住突利子的枪杆，猛地一拉，突利子被扯下马来。

众兵纷纷叫好，顺势一拥上前，活擒了突利子，突厥兵见统帅被捉，急忙纷纷投降。

此时，微风拂面，夜深了，打仗过后，木兰享受着这夜晚的宁静、和谐与美好。

天空好似蓝莓酸奶般黏稠……

孤月窥窗，抬首仰望，木兰忆起了自己的家人，这使她对战斗更加有信心……

一番番春秋冬夏，一场场酸甜苦辣，突厥的扰乱持续了十二年，这一次终于彻底失败了，边境的威胁已除，人人欢欣鼓舞，庆贺胜利。

带着喜悦的心情，木兰回到了家乡，倾诉着自己英雄少年的风采……

迁移启示

《少年风采》是北京曾经的一道中考作文题。可以想象，当年考场上绝大多数同学写的都是自己或是生活中其他朋友的“风采”。这当然非常好。但是当大家遇到这样的作文题，都不约而同地想到自己和自己身边时，我们可能应该反思一下，我们的写作教育，面铺得是不是不够开？

“少年”难道只能是自己或身边的人吗？当年的作文题可没有要求一定要写“身边的”人或事。

本文作者的写作角度就极富有新意，叙述的不是自己运动场上的飒爽英姿，不是朋友在比赛舞台中展示才能的过程，而是将目光投向了历史上的少年英雄花木兰。“小小箭伤，能算什么，破敌立功，正在此时”和“一把抢走了枪头，并顺势握住突利子的枪杆，猛地一拉，突利子被扯下马来”这些慷慨激昂的话语和干脆利落的动作都彰显着木兰熠熠生辉的少年风采。

我们歌颂少年的风采，不就是希望给更多人树立一个榜样吗？今人中优秀的人可以成为榜样，古人中优秀的人当然也可以成为榜样！

所以，在题材的选择上，“化今为古”是一个非常重要的意识，值得我们每一位同学好好培养。

习作分析

小荷才露尖尖角

尤嘉莹

初夏的细碎日光斑驳在堤岸上，荷塘中的泛着清波，涟漪被习习微风裹挟，吹打在娇嫩花瓣上，吹打在荷叶刚刚长出的绿芽上，沁出晶莹水珠。在这夏日荷塘旁，我看到了风流倜傥练剑人，驰骋疆场精忠将和风发意气读书郎。

山谷中的“小荷”

在深山中舞着剑花，额上挂满汗珠的人，是出川之前的李白。一脸稚气的少年郎与师傅赵蕤一心一意学习剑道，修炼师道，探讨人生之道。出川前的李白已练就一身好剑术，学得满腹经纶文，也写过“夜发清溪向三峡，思君不见下渝州”这样的精彩诗句。可是当这位翩翩少年终于到了出川的那一天，赵蕤也必定没有想过他将来能够成为千古追捧的诗仙，能够成为万年不朽的青莲居士。

他是山谷中的一枝荷，出川前他只是“小荷才露尖尖角”。

战场上的“小荷”

南宋的朝廷上有一位一身正气，一意抗金的年轻将领。主和派对他不屑一顾，认为他空有一腔志气而缺少成熟的带兵能力，于是并无顾忌地放任他去边疆抵抗金兵，认为一两次的败仗便能够将他心中报国抗金的火浇灭，可是他们都错了，金军几次南下，岳飞都英勇抗敌，他从金军手中收复建康，又在郾城打败金军，收复许多失地。

他就似战场上的一枝荷，只不过在初次抗金前，他只是“小荷才露尖尖角”。

茅草屋中的“小荷”

兵荒马乱的抗日年代，一株荷正悄然开放于一间简陋的摇摇欲坠的茅草教室中。听闻着时不时响彻远方的炮火声，面对着身边的人一个个牺牲的惨剧，他的心中埋下了一颗报国的种子。当老师问起了“读书是为了什么”的时候，幼小的周恩来那一句“为中华之崛起而读书”酣畅淋漓，掺杂着一丝稚气，更多的却是一腔报国热血。当时在座的同学或者老师可能都赞叹于他的答复，但绝不会想到他就是以后将人民拉离火海的人之一，绝不会想到他真的可以做到带领中国“崛起”。

他就似茅草屋中的一枝荷，只不过在读书时，他只是“小荷才露尖尖角”。

在青史上留下一笔的人们，靠的并非只是少年时候的初露锋芒，而更多的是之后的磨砺苦寒。这样的他们不仅能够“小荷才露尖尖角”，更能绽放出更美的光芒照耀古今。

【点评】

《小荷才露尖尖角》这种作文题是一道比较不好写的题目，很明显，除了写自然界真实的小荷外，更多的同学会选择把小荷当成喻体，来写像小荷一样崭露头角的人。此时，大部分同学会想写自己，这就比较难了，写自己“才”露尖尖角，总有点自吹自擂的嫌疑。所以，如果把写作角度换一下，能用到“化今为古”这个技巧，写写古人，就没有自我吹嘘的困扰了。

当然，写作技巧和写作意识是可以综合运用的。在确定了“化今为古”之后，我们同样还能继续“化整为零”。这篇文章选取了李白、岳飞和周总理三位历史上的名人的素材，写他们年轻时的事，非常自然。因为每个人只写一个小片段，所以，细枝末节都去掉了，只留下一个个历史的瞬间的描写（露角那一刹那），干净利落！

第三节　化情为景

迁移之源

蝶恋花·出塞

纳兰性德

今古河山无定据。画角声中，牧马频来去。
满目荒凉谁可语？西风吹老丹枫树。
从前幽怨应无数。铁马金戈，青冢黄昏路。
一往情深深几许？深山夕照深秋雨。

迁移启示

纳兰性德这首《蝶恋花·出塞》很多同学都读过，但可能很多同学都是在做诗歌鉴赏题时遇见的。不知大家做完题后，有没有静下心来品品这首美丽的小词，尤其是下片的最后两句："一往情深深几许？深山夕照深秋雨。"

对纳兰性德此词的主旨解读，历来都有不同的观点。有人认为他在抒发难酬之壮志，有人认为这是"别有根芽"的他在谈战争的虚无，但对下片的最后两句的解读，观点基本是一样的：纳兰以情提问，以景作答。

情感真的是非常难以量化的存在。于是，当一个人问另一个人有多爱自己的时候？被问者常常会回答：月亮代表我的心。这个回答就很妙，把抽象的情感，变成了具体可看见的景——月亮。这月亮自古就被赋予了各种深情，于是提问者，仿佛得到了满意的答案。

南唐李后主也擅长这种写法，他问自己：“问君能有几多愁。”他回答自己：“恰似一江春水向东流。”这一问一答，也是把抽象的情感，变成了具体可看见的景。

我们的纳兰性德自然也是深谙此道的，这一往深情，究竟有多深呢？你就看那深山的夕照和深秋的雨吧！

夕照和秋雨，也被无数的文人赋予了各种深情，于是，我们读到“深山夕照深秋雨”时，古人的情感在这一刻于我们心中层垒。我们仿佛瞬间就体会到了纳兰性德的深情——尽管我们可能事实上并不能说明白是什么深情。

这就是化情为景的魅力。

它能让我们把难以言表的抽象情感，借助景物巧妙地表达出来，与读者形成共鸣。景物像是一个媒介，连接着可能未曾谋面的作者和读者们的心。

为什么很多同学明明经历过非常动人的事，却写不出非常动人的文章？答案大家现在应该都发现了。

习作分析

冲　破

张晟宁

一座破旧的茅屋坐落在天边的野村，屋旁一棵青松叶茂如云。屋中唯一的一盏油灯温柔了夜晚，又显得有些凄寒。

松树上有几只鸣蝉，屋中传来声声苦叹——好像在呼应这些孤寂的蝉。这是左思的叹息。

他停下了手中的笔，望了望西窗外，一轮明月，白如雪。听见江边渔翁的笛声，村中妇人的捣衣声……

桌前，两幅手卷上题着《两都赋》《两京赋》。左思看了看，摇了摇头，觉得它们华而不实，似一个富贵但没有灵魂的人。

提起笔，在一本崭新的卷轴上，写下了“三都赋”三个大字，他下定决心，要向世人展示出有灵魂的“三都”。

风渐起，夜深了，月光透过枝丫映衬出的圈圈银环，打在一叠厚重的纸上——那是有关“三都”的资料。

黎明，当第一缕日光刺破天空时，左思已收拾好行囊，带着资料，伴着马车上的银铃空响，踏上了征途……

在吴都，寻遍三江六岸，借纸伞作船帆；在蜀都，看那雨润红花，好似和他一同来这里考察；在魏都，看那苍穹飘下好似白色瀑布一般的雪……

一番番春夏秋冬，一场场几经转折，左思看尽了“三都”的光景，体悟了“三都”的真情，完成了《三都赋》。

当他满怀信心把这文章拿给名士陆机去看时，陆机却轻蔑地说：“你写这东西，只能给我来盖酒坛子。”其他在场的文人也纷纷对陆机的话表示赞同。

左思不甘心地回到家中。月自冷其冷，人自愁其愁。“难道心血就这样被埋没了吗？”他对着那被月光斑驳的墙壁，叹了口气。

他又找到司空张华，张华读后，沉默了许久，叹道：“世人只重名气，不重文章……”他决定帮左思。

几经辗转，左思冲破了束缚，打破了只有名士文章才是好文章的局面。人人竞相传抄他的文章，城中的纸被买得已不剩几张……

洛阳纸贵，贵在真心，贵在真情……

月光轻敲闲窗，左思嘴角微微上扬，漫步进了梦乡……

【点评】

本文是根据“洛阳纸贵”改写的类似鲁迅先生的《故事新编》的文

章。左思出身寒微，虽有横溢之才，却不被世人看重。他曾经有诗抒写这奇才“遗之在草泽”的感慨：“郁郁涧底松，离离山上苗。以彼径寸茎，荫此百尺条。世胄蹑高位，英俊沉下僚……”

本文作者非常巧妙地用环境描写，把左思的感伤摆在了读者的面前。开篇“一座破旧的茅屋坐落在天边的野村，屋旁一棵青松叶茂如云”显然化用自左思的《咏史》诗，茂盛的青花生在野村，不正是左思寒微出身的写照吗？“一盏油灯温柔了夜晚，又显得有些凄寒”，油灯能温柔夜晚，但温暖不了左思的心。“一轮明月，白如雪。听见江边渔翁的笛声，村中妇人的捣衣声……”月亮从来不放过伤心人，渔翁的笛声，在夜半响起，就算没有忧伤的意思，在左思听来，也是忧伤的，还有“捣衣声”的助攻，哎，左思的心情大家可想而知，而读者在此时，肯定被带入了此情绪中。这就是化情为景的魅力。当然，故事的结局是令人欣喜的，自然也需要有“月光轻敲闲窗”这样的景来抒写了。

第四节 化诗为文

迁移之源

夜深了

问天伊

转眼又到了秋天，他抬头仰望，西北边塞的风光和江南大有不同，天压得让人有些沉闷，不知何时飘下了片片莹莹雪花，逼着最后一方土地也举起了白旗。黄昏时分，号角吹起，一群大雁与孤鹜齐飞，漫天雪花同落霞飘逝，丝毫没有停留的意思……

“呵！”一名双鬓微霜的老者嘲讽道，“雁啊，你也就这样悄悄，悄悄地走了吗？是想念自己的家人，还是不忍心看到杀敌时一腔热血的勇士们思乡时的柔弱、悲切？”

那老者，正是名满天下的范仲淹……

“呜——”边塞特有的风声、马啸声、羌笛声和号角声,那嘹亮却夹杂着壮士们思乡悲痛的声从四面八方回响起来，他烦躁地摇了摇脑袋……

边城的夜晚很美，至少这星辰是如此，因为天空很近。即使很近，却无法得到，如同久别故乡的游子无法踏进家门，无法看到最想念的人……

“回了！”他大喊一声，把所有沉浸在自己美梦中的将士们拽了回来，望着那连绵起伏的群山里，夕阳西下，青烟升腾，还有，那孤零零的一扇紧闭的城门……

杨柳吟，羌笛怨。一阵一阵，随着肃杀后的寒冷，像是空心木在敲击无形的岁月。将士随着空中的乐声深呼吸，向远处望去……

他一仰头，一壶酒下肚，还在胃里不停地摇晃，他想起万里之外的亲人。眼下战事未平，功名未立，还不能早作归计，即使归了，又有何脸面见父老乡亲，回报国家？

夜深了，他辗转反侧，依旧未眠……

随身佩戴的暖玉仿佛有种魔力，让人愈加思念江南家乡：那远岫的清风碧水，赏三秋桂子，看十里荷花……

辗转反侧之间，泪水划过脸颊，在衾被上漫漶……

他想保家卫国，他想建功立业，他也想家……

迁移启示

范仲淹的《渔家傲》是我们每位同学都学过的词，但我相信，很多同学只是学过。未必有深入体会范仲淹内心的波澜。

问天伊出手不凡，直接把《渔家傲》改编成一篇散文《夜深了》，虽然她与范仲淹未曾谋面，但我们更愿意把《夜深了》当成一篇纪实散文来欣赏学习。

有人说唐朝的张继把“我们的某一种心情”“一语道破”了。我觉得，范仲淹的“燕然未勒归无计”也是把“我们的某一种心情”“一语道破”了。我们何尝不是为了某个人生理想在不停向前奔跑，但常常在夜里，在想起自己的亲人时泪流满面呢？

《夜深了》这篇文章，把我们读完范仲淹的《渔家傲》后的“某一种心情”，放大了。

我们因《夜深了》，脑补出了更多范仲淹戍守边关的场景，脑补出了更多戍边将士在满腔的报国壮志里时不时闪过的思乡之情（正因为他们也是活生生的会想家的人，他们的戍边才更加伟大），脑补出了更多范仲淹创作此词的有可能的细节……

把一首词成功地改编成一篇文章，就如同把一部文学作品成功地改编成影视剧，定能让很多观众脑海里浮现一句话：我爱原作，我也爱改编版！

这是我读《夜深了》收获到的启示，与诸位同学分享！

习作分析

夜空中最亮的星

李弘毅

一片萧瑟的秋色，一座失落的空城，一个垂危的王朝，一对将别的豪杰……

分别的日子到了，饱含浓墨和不舍的毛笔重重地落在白纸上。这毛笔是文天祥的毛笔，不舍却是两位豪杰的不舍。

文天祥早已知道，邓剡由于病重，只可留在金陵了，而自己，还要继续赶往大都。

他向南方眺望，天边的云朵是否还在大宋的疆界？大敌当前，南宋却依然沉于漫漫长夜，遮盖了点点的星光。究竟何时才能迎来南宋的日出啊！不知将来的南宋，又能有多少英雄豪杰？

邓剡拖着生病的身子来到文天祥身边。他们席地而坐，面向南方，看着不远处的金陵城。落寞和孤寂渗透了这个曾经无比繁华的街市，使人再次想到南宋的未来。

邓剡拿出怀中的一壶酒，喝了两口，递给文天祥。文天祥端着酒，却眼望南方。不知多久，他才回过神来。

“能够点亮南宋的明星，一定还会出现的。”邓剡看透了文天祥的思绪。

“你看，当年的岳飞、辛弃疾，是他们不够明亮吗？但南宋的日出却迟迟没有到来。”文天祥喝下一口酒，感慨地叹息着。

他们这样来回地递着酒壶，发出的叹息除了对方，就只有秦淮河在静静地聆听。

直到倾斜的红日挂到了江边的柳树上，酒壶空了。邓剡拔出宝剑将它插在面前的土地上。

“堂堂的剑气啊！你算是识错了豪杰了！这使人远走他乡、覆灭社稷的深仇大恨，又能有谁来雪恨呢？”邓剡半醉地说道。

“虽然曾经那些横槊赋诗、登楼作赋的时代过去了，宋朝国土沦丧，主权丢失。但我相信，总会有一颗明星，照亮南宋的前途！”文天祥鼓励着邓剡。

邓剡听罢十分激动，“我就要永远睁着我半醉的眼，看着，你成为南宋夜空中最亮的星！”

伴随着元朝军马的烟尘，邓剡与文天祥终于作了分别。或许他们没有想到，这一别，就是八百年，直到今日，他们才能够再次在为中考所困顿的学生的作文中重聚。可以想象的是，当邓剡再次遇见文天祥，邓剡一定会说：

“虽然你最后失败了，但是，我相信，你依然是南宋黑夜中最亮的星！”

【点评】

本文的写作灵感来源于邓剡和文天祥在驿中言别对答的两首诗词。“饱含浓墨和不舍的毛笔重重地落在白纸上”，由物体的视角切入，赋予物体以人的情感，说毛笔同时饱含着浓墨和不舍，实在是妙。“落寞和孤寂渗透了这个曾经无比繁华的街市”，明明是夜色渗透了街市，却说是落寞和孤寂，也是把情感融入了物体中。“直到倾斜的红日挂到了江边的柳树上”的“挂”字用得巧妙，将红日的移动静态化，想必作者是受了“遥看瀑布挂前川”一诗的启发。

附：

酹江月·驿中言别

邓剡

水天空阔，恨东风，不惜世间英物。蜀鸟吴花残照里，忍见荒城颓壁。铜雀春情，金人秋泪，此恨凭谁雪？堂堂剑气，斗牛空认奇杰。

那信江海余生，南行万里，属扁舟齐发。正为鸥盟留醉眼，细看涛生云灭。睨柱吞嬴，回旗走懿，千古冲冠发。伴人无寐，秦淮应是孤月。

酹江月·和友驿中言别

文天祥

乾坤能大，算蛟龙元不是池中物。风雨牢愁无著处，那更寒蛩四壁。横槊题诗，登楼作赋，万事空中雪。江流如此，方来还有英杰。

堪笑一叶漂零，重来淮水，正凉风新发。镜里朱颜都变尽，只有丹心难灭。去去龙沙，江山回首，一线青如发。故人应念，杜鹃枝上残月。

一只蟋蟀的自述

侯文悦

我是一只蟋蟀，总在寂静的夜歌唱。我的歌唱，落在那些不眠客的心上，大约便成了哀歌，所以，他们常叫我“寒蛩”。

此刻我栖在秦淮河旁的一棵柳树上，在这秋的尽头，和着汩汩的水声尽情地唱着。只是不知这歌声中又融了几多不眠客的眼泪。

是了，柳树边上的驿馆里定有两人，不，两个囚徒正做着我的听众——听说，那是大宋所剩不多的志士，文天祥和邓剡。

一弯孤月从云层中露出脸来，白如雪，寒如霜，滤过树梢，洒入驿站的铁窗中。我好奇地往里张望，但见那两人相对而坐，被岁月苍老了的脸上看不清神情。二人之间，只躺了一壶酒，和无边的阒寂。

“文山啊，想你这一生浮得沉沉，当年你也是在这淮水几次突破重围，多么意气风发，如今你我却成了囚徒——东风不惜世间英物啊！”率先打破寂静的是邓剡的叹息，另一声叹息大约是文天祥的，但我却分明觉得，他叹的，不是自己浮浮沉沉的一生，而是更深远的东西，他是在叹如飘絮般破碎的山河，还是一片荒城颓壁中罹难的百姓？我无从知晓。

“放心吧，将来还会有无数英杰，愿意为复兴大宋献出生命……”文天祥这话，连我也不相信，毕竟大宋气数将尽，他大约也只是讲给这漫漫长夜听的。不知为何，我望着他的白发，心中竟生出些许悲壮甚至敬意来。

他们又开始填词了，这回是《酹江月》。临别赠诗赠词，总是再自然不过的——邓剡因病不能再行，文天祥却要被押往大都，生死难料。这驿站，大约也是他们人生的驿站了。

我有些困倦，又听不真切，只听得什么“寒蛩四壁”——呵，又是我，还有一句“镜里朱颜都变尽，只有丹心难灭”，我又沉沉睡去了。

天明醒来，那斗室早已空了，我的心也有些空落落的。

几年后，听人说文天祥走了。在生命的最后关头，他望南而叩，再次用鲜血点亮了黑夜。

我不再唱了，听着远方杜鹃的啼叫——那定是文天祥归来了，来看他挚爱的故土。

【点评】

本文的写作灵感同样来源于前面所附的邓剡和文天祥在驿中言别对答的两首诗词。

寒蛩，指深秋的蟋蟀，是诗词中很常见的意象。秋意已深，气候变冷，意味着蟋蟀的生命也走到了尽头，所以诗人经常用“蟋蟀”“寒蛩”“促织”来表达人生短暂的悲哀和无力回天的无奈。比如白居易的“觉寒蛩近壁”，比如陆游的“寒蛩喧败草”，比如岳飞的“昨夜寒蛩不住鸣”，比如林亦之的“寒蛩重一哀”……本文开篇出现的寒蛩，也奠定了全文忧伤凄凉的感情基调。“二人之间，只躺了一壶酒，和无边的阒寂。”寥寥几字，却让人感到无限惆怅，回味悠长。“他是在叹如飘絮般破碎的山河”则是刻意将众所周知的诗句转化为具体的描写，反而别出新意。

第五节　化他为我

迁移之源

山　鬼

屈原

若有人兮山之阿，被薜荔兮带女萝。

既含睇兮又宜笑，子慕予兮善窈窕。

乘赤豹兮从文狸，辛夷车兮结桂旗。

被石兰兮带杜衡，折芳馨兮遗所思。

余处幽篁兮终不见天，路险难兮独后来。

表独立兮山之上，云容容兮而在下。

杳冥冥兮羌昼晦，东风飘兮神灵雨。

留灵修兮憺忘归，岁既晏兮孰华予。

采三秀兮于山间，石磊磊兮葛蔓蔓。

怨公子兮怅忘归，君思我兮不得闲。

山中人兮芳杜若，饮石泉兮荫松柏。

君思我兮然疑作。

雷填填兮雨冥冥，猨啾啾兮狖夜鸣。

风飒飒兮木萧萧，思公子兮徒离忧。

迁移启示

《山鬼》是《楚辞·九歌》中的一篇，屈原直接让多情的山鬼化身为自己，以“我”的口吻讲述山鬼在山中与心上人幽会以及再次等待心上人而心上人未来的情绪。其实屈原是在写自己的境遇，呐喊的是自己报国无门的悲愤：“余处幽篁兮终不见天”“表独立兮山之上”分明写的就是屈原他自己不得志；“岁既晏兮孰华予”明明就是在说屈原他自己“胡未灭，鬓先秋”；“怨公子兮怅忘归，君思我兮不得闲”显然是写屈原他还要幻想国君其实还是待见他的，只是“不得闲”；“思公子兮徒离忧”这不正是《离骚》的名字的解读吗?

用第一人称来写别人，其实就是借别人来写“自己”。这种“化他为我”的写法，既能一吐胸中的“垒块”，又能不作声色，真是妙极了!

习作分析

我亦是行人过

牟容瑾

在幽深的峡谷里，阳光穿林而下，被竹叶割成一段段碎片，而后又聚拢在一起，在地面上抛洒下几团淡黄色的光斑。

一根翠竹杖，一坛花雕酒，一双旧芒鞋，一个我。

伙伴们说，出了这条沙湖道，前面有上好的景致，便一直催我快些，我满口答应，脚却没动快些，他们心急，我让他们先去，可他们又恐我迷路，就还是和我慢慢走。

我有点不解，竹林里的景致也很美，为什么他们偏要走那么快，去看那所谓极好的景致。

揭开酒坛的封纸，酒香混着林间的竹香飘散开来，有种出尘，也有种世俗，加在一起，又是种新的感觉，我觉得很好闻。

仰头一口酒入喉，有点苦。

风起，竹林被吹得向一边倾斜，模糊了远处的景致。随即落下的便是萧萧的雨，伙伴们咒骂着，抱怨雨具被先去的仆人拿走了，他们问我："子瞻，你能找到路吗？沿着这条路，走到头就可以，我们先去！"我应了。

我就着雨点打在叶片上的声音，又饮下一口酒，这口是甜的。同行之人早就跑了没影，我拄着杖，长啸一声，震得叶片上的雨珠都惊下来，我有些微醺，眼前的竹林因雨变得雾气氤氲。伴着阵阵的醉意，视线越来越不清晰。我慢慢走着，身上的衣衫早已被雨珠晕上了一块一块的深色痕迹。可我因酒而浑身盈满热气。伙伴们都惧雨所带来的困境，可我却不然，我挺开心的，可能是因为酒，也可能是因为看到了不一样的风景，这就是成长吗？

雨中竹林，不闻人声，但闻鸟语，头顶上一只麻雀"扑棱棱"腾起，远处叶底时时传来一两声莺啼，雾霭蒙蒙，水汽被竹子染成了绿色，像女子身着的软烟罗。我又饮下一口酒，脚步有些虚浮，我怔了怔，稳住后又迈步前行。

风又起，竹子摇晃，卷起水雾，像阿房宫里舞起的翠绿水袖，带来一阵料峭的春风，我有点好奇，秦王在看跳舞的时候会不会像我一样觉得冷。"扑哧"，我莫名觉得有点好笑，刚想举起酒坛再喝一口酒，举到嘴边，没有酒液入喉，仅剩的几滴也全滴在了领子上，坛子已经空了，兴许是刚刚走路摇晃，泼出去了大半。"不凑巧，啧。"我有点扫兴，一抬眼自己竟已晃出了竹林，云破日来雨已停，眼前的山闪着金光，伴着西斜的太阳直撞入我怀。再回首，竹林里一片萧瑟。

我亦是行人过。

【点评】

打破思维定式，指的是突破原有的思维框架。当读者一看到“我亦是行人过”这一题目，第一反应就会认为“我”是现实生活中的自己本人，初读本文给人的感受也是如此。“子瞻，你能找到路吗？”一句让人恍然大悟，原来本文作者把苏轼想象为“我”了，“水汽被竹子染成了绿色，像女子身着的软烟罗”“竹子摇晃，卷起水雾，像阿房宫里舞起的翠绿水袖”等心理活动更是将“我”的感官放大，仿佛真是苏轼闲游沙湖道的一次经历。但分明写的是作者自己的人生体悟。

第六节　化物为我

迁移之源

小　草

向彤　何兆华

没有花香，没有树高
我是一棵无人知道的小草
从不寂寞，从不烦恼
你看我的伙伴遍及天涯海角
春风啊春风你把我吹绿
阳光啊阳光你把我照耀
……

迁移启示

上一节介绍的是“化他为我”，本节我们研究“化物为我”。

钟嵘在《诗品》里说：“气之动物，物之感人，故摇荡性情，行诸舞咏……”

既然人是被“物”所打动，而“摇荡性情”，那为何不直接把“物”写成人，让人用“物”的角度直接观察这个世界？有了这种思想，于是有了《小草》这样的优秀的“化物为我”的作品。这类文章在学生的作文中比较少见，但角度却可以非常多样，所以下面多举几例，供同学们体会其中独特的思路和表达效果。

习作分析

岳飞与我

鄞宝源

我是一块金牌，百年来我躺在宫中，今天却被发出。我很好奇，我听说金牌是很重要的。

路上，我经历无数风雨，最终到了一个大帐，地上特制的马蹄留下的印记让我明白，这是一个统帅的营帐。

统帅很容易认出，不是因为他有什么特殊之处，而是因为他太过平凡，别的将领都在对酒当歌，而他却盯着正中挂的大地图，将各种敌方军队与我方军队的所在地连上，猜测战斗的结果，对于岳飞来说，这很简单，光玩这一种游戏，便能玩上一天。我被发到他手中，他看了看我，停止了游戏。虽仍面无表情，但我看得出来，他想用门齿咬咬嘴唇，流下几行泪，但早已忘记，他的门齿早在战斗中被打掉，泪腺也早已在战斗中磨炼得几乎不会流泪。

他将我系在身上。很少动酒的他连灌了十几瓶酒。“酒是消愁用的。”听那些知书达礼的官人们说。统帅消了愁，至少我认为他消了愁，因为他开始耍酒疯了，他拿起大刀，跑到瀑布旁，用刀疯狂砍刺水流。水是砍不断的，我想讥讽他。

我不知道过了多少时日，只记得他醉了十几次，我的十一个伙伴也来陪我了。他将我们都系在身上，但人们问起他原因时，他却只是笑了笑，回答了“负重练习”四个字。但我仍不明白，他为何要在睡觉前摸摸我们，再摸摸背的几个针孔。“他陷入困境，疯掉了。”身上划痕最多的伙伴对我说。

他又醉了十几回，又触摸了十几次针孔，他终于不醉了，因为他开始往回赶了。但我不能忘记，送别时人们的眼神，我参不透的眼神。

“在马路上喝醉是很危险的。”身上铁锈最多的伙伴告诉我。

这又是一个他喝醉的晚上，他旅途中的第一次醉。他被蟋蟀声吵醒，便开始灌酒。他出了门，看到一只小燕子，它在低飞，积蓄力量后又一飞冲天，不知为何，统帅却摘下了睡前忘摘的弓，拿起箭，一箭射出，正中燕身。这小燕子积蓄的力量白费了，我想。

“这是我！”统帅大喊。

经历成长后又失败的感觉，我明白了。

他走回帐中，弹着疯琴，因为他一直在使劲地拔最下面的弦，终于，弦断了。

无人听见，无人看见，无人知道他的伤与痛，他想将心事交给那最低的琴弦，却无奈这弦也承受不住这重量。

他已力尽，无法成长。

【点评】

“我”是皇帝用来召岳飞回京的一块金牌，“我”的到来使得军帐中紧张的作战局势变得沉默。“他的门齿早在战斗中被打掉，泪腺也早已在战斗中磨炼得几乎不会流泪”这一细节，与“他想用门齿咬咬嘴唇，流下几行泪”搭配得十分巧妙，很好地凸显了岳飞愤懑、心痛的复杂情绪。“他跑到瀑布旁，用刀疯狂砍刺水流”，却应了李白那句“抽刀断水水更流，举杯消愁愁更愁”，设计很有巧思。另外，文中大量描写岳飞和金牌之间的互动，增加了“我”在文中的参与感。

我还在最下面的位置

廖艺凯

我是根，处在大树最下面的位置的根。

我痛恨自己的命运，痛恨自己为什么被上天强派作了根。我嫉妒那些生长在树最上方的绿叶红花，它们享受着温暖阳光的抚摸，微笑着接受人们的赞誉，而我却只能止步于这个位置，终日被肮脏阴冷的泥土裹挟着。我愤怒，我咒骂，为什么上面的花叶可以肆意挥霍着我辛苦积攒下来的养分，只因我被困在这个位置？

我要报复，我要让那些金枝玉叶跌落神坛。我隔绝了连系的通道，停止向上供应养分。日子一天天过去，看着逐渐枯萎的叶子再也攀不上高位，无力地从树枝上掉落，最终腐烂在泥土里，我高兴极了。我痛快地大笑着，为自己终于令那些不劳而获的坏蛋们付出代价而得意。我开始幻想，我仿佛看见自己站在最上面的位置，拥有尊贵的地位，将曾经投向花叶的赞誉揽入怀中。我的眼神更加热切，目光不断地飞过上方的花叶，期盼着最后一抹鲜艳尽早凋零。

我的愿望终于成真了，树上最后一点绿意也随风而去，我迫不及待地将侧枝伸出地面，贪婪地大口呼吸着新鲜的空气，我看见和煦的阳光满地，听见人们的低语，这一切不禁令我欣喜若狂，我开怀大笑，自己真真正正附上了更高的位置。

正当我享受着复仇成功的喜悦时，一阵无力的眩晕感突然自全身各处传来。我大惊失色，想要极力控制自己继续扎在这个位置。可是，我做不到，我只能眼睁睁看着大树倒地，我张了张干涩的嘴唇，却挤不出一点声音。临死前，我似乎看见曾在我上方的花叶在笑，它们在笑我的愚昧无知，笑我为何不惜一切爬到最上面的位置。

在生命终结之际，我还是缩了缩，缩回了地里，缩回了我曾经的位置。

别再向上看了，我想，向下看着。

陇上叶来花又开，向下的根还在。

【点评】

《我还在最下面的位置》一文，作者不去写自己的亲身经历，而是以“树根”的视角切入：“我”生长在黑暗的泥土里，嫉妒树枝上方鲜艳绽放的红花，想要摆脱原来“最下面的位置”，受到观赏者的注意，“我”奋力爬出土壤，却害得整棵大树几乎覆灭。通过“我”的心理活动，身为读者的我们深深体会到一个很发人深思的道理：一个团队既要有在幕前展示的表演者，也不能缺少幕后付出奉献的无名者，各个位置的人各司其职，互相配合，才能更高效地实现共同的目标。

荒原奇迹

汤尹

一阵滚滚黄沙，一片寂寥荒漠，一棵茕茕孤松，一声千古叹息……

我就是那棵落叶松，在广袤的塞罕坝大地上自己活了这么些年，唯一的梦想就是看看先辈们说的蓝天。

直到20世纪60年代，终于有人造访这片被世界遗忘的荒地。是怎样的心境让他们舍得抛家弃子？当他们看到我，又像是看到久别难逢的亲人一样，反复端详我的容貌，兴奋地抱着我痛哭。年迈的老人用他踏破的布鞋一下下重重跺在沙地上，震起滚滚黄烟，一位青年带着小眼镜、捧着一本破旧的书，留下珍贵的滚滚热泪。

“塞罕坝能种树，能种大树！我们要建大森林，大林海！”激昂的呼声从那一刻开始，久久回荡在我的心里。我的身边不久建成了机械林场，369个平均年龄不到二十四岁的年轻人，操着中国各地的口音来我身边和我语重心长地诉说着植树造林的愿望。这里变得越来越热闹，六千多株我的晚辈们踩在我没见过的马蹄坑里站在我身边。虽然我不知道那个每天起早贪黑对着我念书的小王嘴里每日念叨的北京是个什么地方，但我知道，我的存在仿佛就是为了那片遥远的地方。是黄沙让我们相识，是这些造访塞罕坝的人，让我的生命重焕价值。于是我拼命让叶尖顽强地指向天空，每到夜晚，我给每棵细小的落叶松晚辈们，编织着关于北京的梦；即便午夜寒风猛然，也再不是那么寒冷。

十年风雨沧桑，我随着枝叶愈加繁茂，黄沙的模样在我脑中渐渐模糊。三代造林人把青春与生命都浇灌在这片土地上，听说小王把自己活活熬成了老王，最后远远从基地里看过我一眼，便闭上眼睛再未醒来。他浓重的口音不像北京人，他大可不用为一片从未涉足的地方拼命，可还是日夜鏖战，牺牲在了工作岗位。小王的饭菜总浮一层单薄黄沙，粗大的颗粒在身经百战的我心里都觉得难耐，何况一个刚读完大学的年轻小伙。荒漠终于在他们手中化作了林海，当我枯槁的虬枝与近处的新芽终于碰撞时，我们练成了一片绿网，护林亲人们口中说的“黄沙遮天日，飞鸟无栖树”终于也迎来了百年不遇的春天。我听说，这是因为他们身上有股劲，叫奉献。是这股不顾个人、为国家鞠躬尽瘁的劲头扶植着我们成长，每当孤独与落寞涌上心头，总有勇敢与坚强与之对抗，每当想到远方四季惠风和畅、连月蓝天的日子，我格外想多伸展伸展我这苍老的枝丫，为我的梦想积攒一点点能量，为他们的奉献精神助力。

尘埃之微，补益山海；萤烛末光，增辉日月。时至今日，塞罕坝精神的光辉仍遍地开花。它背后无私奉献的力量挡住了五十五年的风雨，铺平了三代人的人生道路，王尚海书记的“纪念林”也在我身边安静坐落，看着它们一点点蹿高，枝干越来越壮硕，即便再大的风来，都好像是有昔日那个卖力栽树的小王在为之撑腰一样纹丝不动……

【点评】

在塞罕坝，人人都知道“一棵松”的典故。可以说，没有“一棵松”就可能没有现在壮观的塞罕坝林海。在这背后，是千千万万个职工抛弃舒适的居住环境，常年坚守在造林岗位上的付出。本文以王尚海书记带领众人种下的落叶松的视角切入，“兴奋地抱着我痛哭”“激昂的呼声从那一刻开始”，“我”这棵落叶松见证着这些年轻人理想的实现，见证着他们的衰老和离世。但他们留下的防护林将生长得愈发茂盛，奉献精神也将沉淀得愈发浓厚。

守 候

赵少寒

我静静地守候在桌案上，等待着，等待着那一天……

我，是一株桂花。听一位年轻的女子说，这是蒋捷的书桌。我就这样日复一日地守候着，守候着……

曾记得，冬春时节，一位八尺男儿愁眉不展，叹息连连，踏上了流亡之路。那位女子紧跟在他的后边，她涕泪满面，诉说着南宋灭亡后，将要独自度过的苦楚的几年。最后，目送他从江上远走……

我怀着这种悲情即将凋零，那位女子轻轻将我和其他几株桂花摘下，放在那桌案上，一部分以熟蜜拌润，埋于地下。而我们，看着自己的同伴被埋下，心中伤痛却又无可奈何，看着女子整天以泪洗面，心中自然有些难过。

十五那天，她将那桂花与熟蜜取出，置之于“心”字形香篆中，又取火钳焚元。那女子自言自语道，这便是木犀香了，是她的丈夫最喜欢闻的。可惜，蒋捷已经流亡在外。她只能自己面香而坐，静心冥想。这木犀香，就是用我的同伴们制成的吧。

桂花吐香之时，我们一齐作出生命中唯一一次最美丽的绽放，沁人的香气由如丝如缕到云烟缭绕。那位女子的心情本是有千万愁绪，浸在香气中，也觉得心旷神怡一些。当她看到那“心字香烧”，她微笑了。静静地，一滴泪从她的颊边滚落。

我感到，化身成为木犀香，不仅是一种重生，更是一种自身的升华。我静静地守候着，等待着被制成木犀香。

我被制成香的那天，希望是男女两人共同将我拌入那香甜的熟蜜吧。

但是，那女子却再没来过这书桌旁。我向窗外望去，窗外的樱桃已经粉里透红，芭蕉已经变得透绿。

“流光容易把人抛。红了樱桃，绿了芭蕉。”

我想，她一定是去看她的丈夫了吧。

我还是静静地守候在桌案上，等待着，等待着那一天……

【点评】

公元1276年，元军破临安，在此之后蒋捷开始四处流浪，乘船经过吴江时作了《一剪梅》。本文结尾的“流光容易把人抛。红了樱桃，绿了芭蕉”，就出自这首词。或许是受了词中“心字香烧”的影响，作者把自己想象成心字香生产前的原材料——一株桂花，以旁观者的视角，向读者细细道来诗词背后的故事，我们对词中所传达出的思归之情的理解也就更深了一层。

我与流星的约会

赵旭博

它与我一样，是一颗不规则形状的石块。我几日前约好与它同行。

身边黑色虚空如墨，我们无目的地横冲直撞，随时都有与其他石块碰撞从而崩坏的危险。但我们的生活优哉，只是日复一日地在宇宙中穿梭，等待崩坏的那一天到来，然后生命结束，不受任何关注。

穿梭在宇宙间，它忽地顿住几秒。

“你在想什么？我们渺小人生的意义？”我打趣道。

“大概是吧。”它应声道。

“我们的人生就是在黑暗间不停运动，不被任何人看见，直到生命终止，这就是我们的命运。”

“不，一定还有能改变的方法，我不愿在黑暗中逗留永世。就算崩坏，也不能在黑暗中。”

“我们不是见过光吗？那些即将爆炸的星星，还有太阳。”

它沉默了一会儿，“那是别人的光。”下一刻它便改变了航向，我反应不及，顺势跟着他旋转，向一颗蔚蓝色覆盖着白气的星球冲去。

“你在干吗？这颗星球有大气层，你不只会崩坏，而是会粉身碎骨！”

“你错了，我的身体也许会化为烟，但我的心中有无论如何都不会崩坏的东西！”

它只是旋转着俯冲着，我无奈随之冲向那颗星球。接近大气层了，一股无形的引力拉着我们冲向那厚厚的云层。

“来不及了！”我不解他的做法，“况且你说的是光亮，现在这个星球处于黑夜，没有光的！快停下！”我尝试着保持缓速下坠。

“我需要的这是黑夜的舞台，才可以发出光亮，被人看见。”它淡淡地应道，下一秒旋转着冲破了云层。

“它要如何发光？”我在上方俯视着。“嘶……”随着云雾摩擦过它的身体，一些声音悄然迸发。侧身一看，它身上竟点起了小火星。

“快停下！”我焦急地打着旋，却见它加速俯冲，磨起了一身红光。白雾一扫而空，我们落入了夜空的怀抱。我和它的距离越来越远，向下看去，它的身体一下被点燃至最亮，拉出最闪亮的尾巴。我的耳边爆发出一丝拉扯着空气与火星的声音，那个平凡的身躯点燃了那一刻的夜空，有如一道锋利的爪刃撕扯开漆黑的幕布。

原来它说的发光是让生命燃烧，不会崩坏的就是燃烧的生命。那个平凡的身影点亮了存在的意义，照亮人生的天空。

一生等一次发光。

那一夜，地上无数人们被璀璨所震撼。

那一夜与流星的约会，无数炽热的生命点燃了自己渺小的存在，而我也作为其中一员，点燃了自己心中不会崩坏的地方。

【点评】

“我”是宇宙中一颗不规则形状的石块，在“我”看来，生命的意义便是在黑暗中逗留永世，直到等待崩坏的那一天到来。而“我”的一位同伴，不愿自己的生命满是黑暗，它冲破了大气层，用一道锋利的爪刃撕扯开漆黑的幕布，爆发出一丝拉扯着空气与火星的声音，点燃了那一刻的夜空，给了“我”强烈的震撼。本文借流星照亮黑夜的瞬间，点明了一个道理：人生不能甘于平庸的现状，要为这个世界留下属于自己的光亮。

第七节　化庄为谐

迁移之源

死鸟（节选）

冯骥才

天津卫的人好戏谑，故而人多有外号。有人的外号当面叫，有人的外号只能背后说，这要看外号是怎么来的。凡有外号，必有一个好笑的故事；但故事和故事不同，有的故事可以随便当笑话说，有的故事人却不能乱讲；比方贺道台这个各色的雅号——死鸟。

……

人说，贺道台这些能耐都出自他的天性，说他天生是上司的撒气篓子，一条顺毛驴，三脚踹不出个屁来，对么？

说完他伺候头儿，再说他伺候鸟儿。

……

过年立夏转天，在常关做事的一位林先生，打江苏常州老家歇假回来，带给他一只八哥。这八哥个大肚圆，腿粗爪硬，通身乌黑，嘴儿金黄；叫起来，站在大街上也听得清清楚楚。贺道台心里欢喜说："公鸡的嗓门也没它大。"

林先生笑道："就是学人说话还差点。它总不好好学。怎么教也不会，可有时不留神的话，却给它学去了。不过，到您手里一调理，保准有出息。"

……

裕禄笑道："有什么好茶，也请裕禄我尝尝。"

大家又笑起来。但八哥听到了"裕禄"两字，忽然翅膀一抖，跟着全身黑毛全日方起来，好赛发怒，声音又高又亮地叫道："裕禄那王八蛋！"

满厅的人全怔住。其实这一句众人全听到了，就在惊呆的一刻，这八哥又说一遍：“裕禄那王八蛋！”说得又清楚又干脆。裕禄忽地手一甩，把桌上的茶碗全抽在地上，怒喝一声：“太放肆了！”

贺道台慌忙趴在地上，声音抖得快听不见：“这不是我教给它的——”话到这里，不觉卡住了。他想到，八哥的这句话，正是他每每在裕禄那里受了窝囊气后回来说的。怎么偏偏给它记住了？这不是要他的命吗？他浑身全是凉气。

……

迁移启示

《死鸟》第一句“天津卫的人好戏谑”就给小说定了一个调：“谐”。

“人说，贺道台这些能耐都出自他的天性，说他天生是上司的撒气篓子，一条顺毛驴，三脚踹不出个屁来，对么？”这一句实在是经典，用了诙谐的哩语，且“对么”俩字，一看就知道是“天津味儿”！

林先生送了贺道台一只八哥，这八哥“笨”，主人教什么未必学得会，可有时不留神的话，却给它学去了。林先生送的时候还说了一句：“不过，到您手里一调理，保准有出息。”看到这里，读者就想笑，因为知道后面贺道台肯定因此出糗了。果然，这八哥只学会了贺道台背后抱怨上司的话“裕禄那王八蛋”……

这样诙谐的文学作品，大家都是爱看的。但很多同学看到这样的小说，总觉得只有小说才可以诙谐一些，其实哪里是这样呢？我们平时的文章，只要总体氛围不是太过于凝重，都可以有一些诙谐的成分存在，即使是大道理也可以讲得很诙谐。

习作分析

适应也不难

李宜谦

学习地点从教室搬到了家里。其实我还蛮开心，因为我觉得在家里上课，作业会少一点，但老师的消息戳破了我小小的梦想。

停课不停学这件事让我陷入了深深的苦恼，老师用上了他们的钉钉持续攻击我们的大脑。不过，我慢慢就适应了。但上课时，我难免有时以为有鸿鹄将至，无法专心学习。

哎，没有老师面对面盯着的学习，还是不适应啊。

再者，作业其实对于我来说也是一个小问题。列位看官要说了：在校学习就没有作业吗?

不，正因为是在家学习，往返于家和学校的时间省下来了，爸爸妈妈怎会放过这个见缝插针的机会呢？好家伙！周一到周五有三个晚上被排上了课外辅导班的课，十八点到二十点，语、数、英各一门。辅导班的老师精力还特旺盛，两个小时的课拖个半小时通常是基本操作……有时上课会上到很晚，就没时间写作业了，赶时间的话，质量就没了，怎么样才能既有质量又快速呢？哎，高强度的学习真的是好不适应啊。

可是，再不适应，也得适应呀。我可是看过《我与地坛》的人呀。史铁生都那么难了，还是很乐观的呀，他说：“先别去死，再试着活一活看。”

我也没他那么难呀。再试着适应适应看呗。

心态积极一些后，我发现线上学习也是一个让学渣翻身的好机会。在这次学习期间，我看到了许多人更积极，更加让人钦佩的一面。数学，原来是一门让人头疼的课，现在都变成了同学们每天抢着问问题，回答问题的一门课（其实貌似是因为有加分啦）。以前的语文，是一门让人手疼的课，现在有人写字帖一天写一个月的——这算是课外班少的优势不？

看来，积极的心态真是学习的前提哦。我对网上学习的看法，一天一天地改变着。适应，原来也没有那么难嘛。

善哉乎网上学习，回看功能可以巩固没有掌握扎实的知识，不用在路上奔波，省了不少空间呢！在空余时间（如果还有的话）还能好好预习新课。我慢慢明白啦，如果能坚持下去，你的学习就会有一大步长进。复课之后，如果你想在学校横着走，就得在这段时间努力了，因为天才不可怕，就怕天才不放假，这段时间，是天才放假的时候哦！

努力适应新的学习模式吧，不要松懈，其实真没有什么是适应不了的。这不，这我以前最怕的作文，现在不也写出来了吗？

【点评】

在大多数人看来，要想短期适应新环境新情况，其实不是一件特别容易的事，更何况是对一个学生而言。“但上课时，我难免有时以为有鸿鹄将至”“数学，原来是一门让人头疼的课；以前的语文，是一门让人手疼的课”“天才不可怕，就怕天才不放假”……语言轻松诙谐，语气诚恳自然，真实地道出了“我”逐渐转变认识的心路历程。因此，结尾感悟出“适应也不难”的道理也更加顺理成章了。

大侠的刀

索雨辰

大家都叫他大侠，但他不是个真正的大侠，大侠是锻刀的，他在镇街口开了个铁店，专门卖他精心打造的刀。大侠从小就想当大侠，但在与村口黑狗生死一战后惨胜，回家被老爹打得半死不活后，就打消了念头，从此安心做了个铁匠。他打的铁器远近闻名，而同样出名的也是一把他死活藏着不让人碰，号称是方圆百里第一的宝刀。起初人们是好奇的，但到之后一直见不到，也就当作茶余饭后的谈资了。

这天，大侠正在柜台上发呆。忽然外面一阵喧啸，还不等他出门，一队扛着大枪的日本兵就把他围了起来。这时一个挎着日本刀的小胡子走了进来，对大侠说："我需要一把军刀，要最好的！三天交刀，否则，死啦死啦地！"说罢甩在柜台上一大袋银圆就带着士兵离开了，大汽车扬起的尘土有些呛。

已经过了两天了，而大侠在这两天里什么也没改变，还是每天把他的刀们仔细擦一遍，然后给乡亲们打一些零碎小物。大家对他的担心他也一概安抚。

到了第三天，大侠并未等日本兵来，而是伴着鸡鸣声起来，背上了一把用布包上的刀，拎着一壶小酒上了路。

过了几天，日本兵的据点被八路军攻破了，村子里来了位八路军首长，他带回了一个骨灰罐，据他说，大侠那天先去了八路军根据地，送了首长一把据他说是方圆百里第一的刀和一封信便离开了。后来看信才知道，他不想为日本人造杀中国人的刀，但又不忍让村里人受累，便去自投罗网，但偷偷绘制了一幅日军的内部布防图逃了出来，帮助八路军打了胜仗。

夕阳正染着天边的黑色，远处有几只大雁飞过似火焰的云。大侠被下葬时，大家都过来了，八路军首长把大侠的刀插在了坟旁，就像给一位古时候真的大侠安葬一样。

【点评】

"但在与村口黑狗生死一战后惨胜，回家被老爹打得半死不活后，就打消了念头""三天交刀，否则，死啦死啦地"这几句，为这篇笼罩着悲壮色彩的文章注入了一丝诙谐幽默的气息。"大汽车扬起的尘土有些呛”像是电影镜头的定格，富有画面感。结尾“八路军首长把大侠的刀插在了坟旁，就像给一位古时候真的大侠安葬一样”言有尽而意无穷，读者对大侠的敬意油然而生。

下篇

同题异构 别裁旁通

引子

当过多年老师的朋友，都不大喜欢改学生的作文。原因很多，其中一定有一个是：大家的选材都差不多——不论写的是真事还是假事！

每个学生的人生经历各不相同，为什么写出来的作文，选材却差不多？因为人人都有惰性，比较喜欢随波逐流地过日子，很少停下来思考人生，更不用说在生活中时时思考哪些东西可以写成作文。

怎样克服这个问题？显然需要大量的刻意训练。

怎么训练呢？遇到每一道作文题，都强制性要求自己想五个以上完全不同的角度出来，排除掉自己认为大家都可能会写的并且自己没有把握写出新意的角度，在剩余的角度里，选择一个真正能打动自己的角度！如果短时间内没有找到这样的角度，就继续寻找，直到找到一个真正能打动自己的角度，这个角度必须让自己有写作的冲动，不写不快，这样才有可能写出好的文章。

肯定有同学会说，我在考场上哪有时间想那么多角度呢？

是的，在考场上真的很难有时间深入思考。所以，在平时要多加练习，平时每个月至少要找三道作文题来训练自己，每道题想出五个以上完全不同的角度来，选择一个打动自己的角度写一篇文章。这样训练二到三年，就有可能积累五十个以上完全不同的写作选材，足以应对任何标准化的考试写作了。

当然，在训练初期，很多同学会觉得难以想到五个以上的写作选材角度。万事开头难嘛，所以，在初期，多参考别人的选材思路，肯定是一条不错的路。

本篇试图通过一些“同题异构”的例子，每题一章，介绍一下能够“别裁旁通”的选材思路，希望能起到抛砖引玉的作用。

第一章　生活是一面镜子

别裁旁通

本章的异构母题是一道全命题作文：《生活是一面镜子》。

遇到这样的作文题，我们首先要思考，别人很有可能是什么选材？显然，你自己的第一反应，通常就是别人最有可能的选材。你的第一反应是什么？平面镜。所以，很多人都会选择写这样的故事：自己在某方面做得不好，但同学或邻居却做得非常好，优秀的别人就像是一面镜子，让自己看见了镜中的自己的不足，于是自己要努力改变。

这样的选材，这样的写法，不能说一定不好，但确实是太容易雷同了，很难写出新意。所以，当你想到这个选材角度时，最好提醒自己，再想想别的角度。

怎么想呢？生活中真实的镜子有哪些？是不是只有平面镜？不是的，还有放大镜、哈哈镜、望远镜、三棱镜、美人镜……这些镜子照出的效果，和平面镜肯定大不相同，生活中的什么与这些镜子相似呢？不仅如此，你还可以想，是谁在用这些镜子？一定是你自己吗？能不能写别人呢？

读到此处的同学，请不要急着往下看，不妨在此处思考一番，再看下面的“同题异构”的例文，定有更大启发。

同题异构

生活，是一面镜子

杨宇晗

夕阳西下，一抹阳光洒进屋内，紧接着，又是一束光照向屋外。

在阳台上的角落里，我就躺在那里，主人不喜欢我，把我丢在这里，我也无所谓，至少我还能晒晒太阳。

每当暖洋洋的阳光照在我身上时，我就知道主人马上就要回家了，当阳光快要从我身上完全褪去的时候，门开了。

一件撕破的衣衫，一双无神的眼睛，一头蓬乱的头发，一滴无助的泪水，当然还有他脸上的那一块伤疤……

他又跟同学打架了，他放下书包，跑到阳台上，他拿起我，我的镜面上立刻出现了他的脸，他看着他脸上的伤疤，他非常讨厌他这块伤疤，他不想看到这块伤疤，却偏偏有这种东西存在。

他以前是很喜欢照镜子的，他把我挂在客厅最显眼的位置，每天都会站在镜子面前照来照去，他很好看。几个月前，他改掉了他爱照镜子的习惯，那天房子着火了，火势越来越大，他房间的门外已经被火包围，他出不去了，那一场火在他的脸上留一下了一块黑色的疤痕。从那天起，他的脾气越来越暴躁，还经常欺负同学，和同学打架，我问他为什么，他说有人说他是怪兽，那他就要当个怪兽给他们看看！久而久之，没有人愿意跟他玩耍。

“我就是个怪兽！”他对着我吼道，然后随手把我扔到了角落。

他靠在墙上，泪水从他眼眶中流出，我知道他也渴望有朋友。

“你对着我笑一笑。”我鼓起勇气说。

“你闭嘴！”他用力地踩在我的身上，他鞋面底上的泥巴全踩在我身上了。没关系，我不嫌弃。

"你对着我笑一笑。"

他把我拿起来，高高地举在头顶，"你最后对我笑一下。"我几乎哀求道，我知道他马上就要把我砸在地上，让我粉身碎骨了，我闭上眼睛静静地等着沦为碎片。

什么都没发生？我睁开眼睛，他正在对着我微微上扬的嘴角，"你看到镜子里的他了吗？"

"他也在对你笑。"

"你笑得更开心点。"

"看到了吗？他也笑得更开心了。"

他把我轻轻地放在地上，"谢谢你告诉我。"

第二天，他带着他的笑容去上学了，我知道今天他一定会交到朋友，因为生活就像镜子一样，你给他什么，他就回报给你什么。

当你遇到困难时也不妨笑一笑，也许生活就以同样的方式回报你了。

【点评】

文章开头很有设计感，第一段写到"一抹阳光洒进屋内""又是一束光照向屋外"，暗暗点明了房间内有一面镜子存在。接着，作者把自己想象成了一面镜子，讲述起主人和自己这面镜子发生的经历，原来主人曾在一场火灾中毁了容，自此变得沉默寡言。除了单独的叙述，文中还插入了大量对话，增加男孩和镜子之间的互动与交流。"生活是一面镜子，你对它笑，它就对你笑；你对它哭，它就对你哭。"这是大家都耳熟能详的一句话，不同于大多数人的直接引用，本文作者却把这句话扩写成了一个生动的故事，角度新颖，让人眼前一亮。

生活，是一面镜子

刘芮佳

人人都是我的镜子。

“美人镜”：扭曲了谁?

大眼睛，瓜子脸，大长腿，瘦高个，随便摆几个动作都很迷人，你真信你有那么美了？无数次，我被那些镜子迷倒。超市的楼梯间专门腾了个空摆美人镜，吸引了大堆顾客在镜前自拍，我也不例外，拉着家人，在美丽的镜中重拾自信。

人人皆镜，有多少人曾心甘情愿地做了你的美人镜？“我美吗？”“美！”“我性格好吗？”“超级好！”这类似的对话，在生活中随处可听。在这令人高兴、甜蜜的对话中迷倒自己的不在少数。人人都有夸人的一套，而那些真心指责你的错误，想让你变得更好的人自然就少了许多。

真心话越来越少，能正确认识自我的人也越来越少，还有谁敢做你的“哈哈镜”，“美人镜”又究竟扭曲了什么？

放大镜：发现了谁?

为一次工作面试失败而懊恼；为一堂课上老师未能点你、聆听你精彩的发言而失落；为与人交朋友时对方未能感受到你的开朗性格而封闭自我……人们总希望有人能够用放大镜去观察自己，但又有谁去用放大镜照亮自己？

我经常为一些小失败而痛苦上一天，总盼望着别人能察觉到自己的亮点，但后来，结局往往是自己感到挫败。

直到上帝让我学会用我的放大镜。

我开始审视我自己，我发现我有许多优点，善良、努力、乐观……我便将这些优点发挥得淋漓尽致，尽可能帮助别人，尽可能认真听讲学习，尽可能在失败时自我调节……

同时，缺点也被放大。自私、贪婪、懒惰，藏在我身体的各个角落，改进他们是我的目标，放大镜让我学会了许多，改正了许多。

生活中，我们总是用放大镜去观察别人，却总忘了寻找自我，人们总去研究望远镜，却忘记利用放大镜。这是人性吗?

人中镜，镜中人，生活中一面美人镜可以麻醉自己，一面放大镜可以重拾自己，我们是该想想如何去正确利用他们了。

生活中的镜，往往会夸大或缩小事实，以心为镜，方容易探索世间百味。

【点评】

本文最大的亮点，是它对社会现象和人性心理的深刻剖析及反思。赏心悦目的事物，看着就让人满心欢喜；赞美肯定的评价，大家也都喜欢听。刺耳客观的真话，反而容易招致别人的反感，但忠言逆耳利于行。于是，作者在第一个片段提出，爱说真话、敢说真话的人越来越少了，好听的谎言反而能容易俘获人心。所以我们更应该时时警醒自己，认清眼前的现实，不要迷失在别人的溢美之词里。更重要的是看清眼前的现实，像放大镜一样去审视、修正身上的缺点，并且不断发掘自己的优点。文章写作思路清晰，让人回味无穷。

生活，是一面镜子

韩宜静

每一个看似平常的生命，都是一个不可复制的传奇。

——题记

曾经参加过一个慰问敬老院的活动。其中一位老人令我印象极为深刻。时间像突如其来的飓风，将年轻的容貌连根拔起，然后恶意弃之于陌生的荒地。被岁月染白的发丝精短而根根挺立着，眼神浑浊得像深不见底的沼泽，异常突出的颧骨像两处高高的山丘，与下陷的泛青的眼窝和两腮形成鲜明的对比，如同长满枯树的盆地。他的身板极薄，肩胛骨已经碰到了一起，根根肋骨在暖灯的照射下显得特别清晰，随处可见的青筋。

敬老院的保姆告诉我，这位老人曾是守护边疆的老兵，后来由于一些原因，成了天桥上随处可见的流浪汉，最终被儿女接到了敬老院。但是在流浪汉的时期，受到了太大的刺激，就成了现在这个样子。

一头蓬松的乱发，一件开花的军袄，一双张开口的黑靴，一个外表斑驳的绿色茶缸……在城市的天桥上，行色匆匆的路人面无表情地忽忽掠过，偶尔还会飘来几句讥讽的词语或鄙夷的斜视——可谁曾想到这个外表狼狈，眼神浑浊的流浪汉竟是昔日守护边疆的老兵?

早已达到安享晚年的年龄，可这意料之外的风雨让这无辜的生命更显得无助……

我们常拿着望远镜仰望远在边疆的英雄，可转向不同身份不同打扮的同一个人时，竟会把手中的望远镜倒过来看?

我不明白。

“爷娘妻子走相送，尘埃不见咸阳桥，牵衣顿足拦道哭，哭声直上千云霄。”生活，是一面望远镜，照近了远在边疆的老兵，却照远了近在身旁的流浪汉。

【点评】

开篇对人物外貌的刻画可谓先声夺人，精雕细琢的工笔详细地勾勒出一位在生活重压下挣扎求生的流浪汉形象。不说“皱纹密布”，却说“时间将年轻的容貌连根拔起”；不说“双眼无神”，却说“眼神浑浊得像深不见底的沼泽”；不说“瘦骨嶙峋”，却说“肩胛骨已经碰到了一起，根根肋骨在暖灯的照射下显得特别清晰”，画面感十足，可见作者强大的描写功力。同时，情节的构思也很费心思，老人既是昔日被人们仰望的守卫边疆的英雄，也是遭人鄙夷的在天桥上讨生活的流浪汉，这差异，可以从望远镜的使用方式中产生！

生活，是一面镜子

肖雨珂

阳光填满了毫无遮拦的练武场，只留下一个男人健壮的影子。他熟练地举起手上的弓，从随从手中接过箭，沉肩，掖肘，瞄准，正中靶心。

一个身影从练武场旁凉亭的阴影中走出。那人衣着并不怎华贵，却有一种王者才有的气质。

“后羿爱卿的箭法还真是妙啊！”

那个被称作后羿的健壮男人听此，嘴角微微上扬，甚是得意：“陛下，别的臣不敢说，但臣的箭法，在大夏王朝称第二，没人敢称第一。”

夏王笑了笑，眼角却没有丝毫笑意：“哈哈，既如此，我们不妨来赌一赌，看你三箭之内可否中靶心，若中了，寡人赏你黄金万两……”

“这有何难！”后羿眼里闪着光道。

“你若输了，寡人便剥你封地。”

太阳越爬越高，后羿原本修长的影子，也缩成了一个点。

依旧是熟练地举弓，接箭，沉肩，掖肘，可瞄准时，靶子中间那个直径不到一寸的红点好似突然有了生命，在后羿眼前晃动着，伴着几万两黄金堆起的金山。

后羿举起弓，使劲地摇了几下头，想把金山晃出脑海，长箭离矢，没中。

后羿擦了一把脸上的冷汗，强装镇定地咧了下嘴角。

第二箭。整个靶子都开始旋转，后羿的瞳孔开始缩小，在他脑海里的战场上，恐惧早已打败了自信。后羿咬着牙，闭上眼，长箭射了出去，脱靶！

第三箭。

后羿已经顾不得身上的冷汗了，这个世界都开始晃动，颤抖。夏王那句话——你若输了，寡人便剥你封地……寡人便剥你封地……剥你封地！霸占了后羿的双耳，然后攻破了后羿的整个大脑。长箭因为后羿剧烈的颤抖而脱手。

世界崩塌了。

“爱卿箭法虽好，心性却是不足。”夏王那沉稳的声音将后羿拉回现实。

“陛下，臣……”后羿颤着嗓子，不知是该谢罪，还是求饶。

“罢了，游戏而已，怎还当真了，但爱卿要记住，射箭于你而言，是生活的一部分，但万两黄金和封地也是你的身外之物。但它们交错在一起时，就变成了一面镜子，照出了你一碰到诱惑便波澜起伏的内心。日后还要多修炼才是啊！”

【点评】

后羿的箭法精湛，以至于他生出自满之心，抛出“大夏王朝称第二，没人敢称第一”的言论。这时的他，迫切需要一面镜子来看清自己。夏王以加码的赌注，使后羿放下了狂傲。另一方面，后羿却因顾及赌注可能带来的一系列后果，没能发挥出自己的正常水准。生活是一面镜子，万两黄金的“得”与封地的“失”，为后羿真正照出了自己。正如夏王所说，心性不足，还需修炼。

镜 子

檀正

夜色推开在柳叶垂帘下虚掩的房门。月光被虚竹打散，射穿纸窗，冰冷了一片镜面。是魏征的镜子。镜面渐暖，月色也逐渐睡去，第一丝朝阳射进的镜片，反射在青石桌前。

617年，大寒已去，立春将至，武阳的天气逐渐转暖。这是魏征第一年做官，他追随着郡主起兵，被李密所看中。他以为可以大展拳脚，做一面明镜了。

可他没有。

此后，他一直不为李密所用，于是他便在李密手下默默做着自己该做的事，直到下个立春李密被王世充打败，他便又换了个主人。直到这个秋分，李世民攻打王世充前，他依旧是做着自己不甘于做，却本该去做的事。

他在李建成手下当丞相，为这个主公出谋划策。他当着他的明镜，他却从未看过镜中自己的容貌，不出所料，他再次被遗忘在了角落。

正如宝剑若是不见血，就会失去他本该有的锋锐一样，明镜蒙上了灰土，再也倒映不出李建成的影子。玄武门，他的主公，带着他的抱负和雄心永远地将自己的灵魂与意识寄托在了染血的青石板上。

子夜已过，中夜将至。他被带到李世民面前，当李世民问他为什么挑拨兄弟感情的时候，他分明是笑着的，眼里却是苦涩的。殿堂外下着沉重的雨，雨声和蝉鸣和杂在一起，化作夏的乐章，分外的乱耳。“要是主公按我说的去做了，今天躺在青石板上的可就是你了。”可是，预想的愤怒没有到来，当檀香消散在雨中时，他抬起了头，李世民的嘴，分明是咧开的。

他没有成全想象中的仁义，反而和自己的仇人做起了君臣。一时间，皇宫中议论四起。但被一双无形的大手压了下去。他很奇怪，因为自己并不在意，也因此没有做过这种事。

他做着他的明镜，在自己的“仇人”手下，每当李世民来到这面镜前，他总能从透彻的明镜中看见自己的身影，而他也尽职尽力地做着自己该做的每件事。

贞观十七年，魏征去世了。他来到世界上，反射了一代明君的身影，而当明君不需要镜子了，他就可以让自己蒙上沙尘，镜面不再明晰。正如宝剑入鞘，变得锈迹斑驳。但是当他离去时，不会有人知道，有谁在殿后为他放声哭泣。

空荡的房间里，破旧的院落中，那一片森林中，虚竹挺立下，有人在房间中化作明镜，凝望着另一个空荡的人影。

【点评】

“以铜为镜，可以正衣冠；以史为镜，可以知兴替；以人为镜，可以明得失。”这本是荀子的原创，却因唐太宗在魏征离世后引用来发表感慨而被更多人知晓了。本文的作者巧妙地把它扩写成了一个故事。魏征的一生就如一面镜子，照射着唐太宗的得失利弊，为他指点前进的方向。开头的“夜色推开在柳叶垂帘下虚掩的房门”，仿佛一幅徐徐展开的史诗画卷，又如一幕经过精心剪辑的电影镜头，牢牢吸引住了读者的注意力。此外，除了贯穿全文始终的线索——镜子，还有文中首尾出现的竹子，互相呼应，这里也是借虚竹象征魏征正直的人格，构思尤其巧妙。

第二章　读懂

别裁旁通

本章的异构母题是一道全命题作文：《读懂》。

先看上一章提到的老方法，遇到这样的作文题，我们首先要思考，别人很有可能是什么选材？显然，很多人都会选择写读懂长辈，因为与长辈间有代沟。有没有别的选材角度呢？当然有啊，比如读懂《红楼梦》，《红楼梦》这本小说，在四大名著里是公认的难以读懂的一本，大部分人只看到里面的爱情琐事，但如果对传统文化有深入的研究，就会读懂里面的许多文化密码；如果对生活体悟比较深，就会读懂里面的人世辛酸；如果对中医有所了解，就有可能读懂在那样的重男轻女的时代王熙凤为什么只生了一个女儿而不再生个男孩子……

再比如，我们还可以选择写读懂诗词，潘向黎先生有一篇文章《跟着父亲读古诗》，就可以给我们提供各种写作灵感……

甚至我们还可以选择写读懂某个文物，譬如某个青铜器背后的故事或是某一幅字背后的精神……

用上一章介绍的老方法，我们就可以轻松发现可供选择的角度真的是很多，关键看我们能否不满足于第一反应所想到的选材角度，是否有这种训练自己的意识。

然而，这一章，我想介绍另一种选材的方式：就选大家都有可能选的角度！

但是，找一个与众不同的切入点！

怎么找？我们先思考，大家通常会怎么构思这篇文章？是不是很多人会写无意中看到长辈的日记，于是读懂了长辈。没问题，我们也可以写无意中看到长辈的日记，但是，我们把长辈的日记，加工成“散文诗”的形式！这个切入点，会不会有点新意？还是老规矩，读到此处的同学，你可以想一想，怎样加工这“散文诗”式的日记？（可能有同学会问，这样是否不真实了？我想说，文学有一个重要的功能是“教化”，如果能更好地实现这个功能，一点点艺术性的加工，有什么不好呢？）

同题异构

读　懂

方介脩

在一堆纸箱里，发现了一些旧本，虽然覆着灰，但仍旧显得很别致。

言行无人知情意

打开那个陈旧的笔记本，一句诗随着春风飞入了心中——“风过纸鸢绝不系，言行无人知情意。”我待在那里，忆起了往事。

又是一年春天，爷爷与我一同放风筝，风筝随风向天空飞去。

“嗒”一声，系住风筝的线断了，风筝如同一片没有归根的树叶，消失在天际。

我哇的一声哭了出来，向爷爷嚷嚷着再要一个，爷爷安慰我说：“好，好，乖孙子，爷爷再给你做一个。”

爷爷赶工了几个晚上，终于做了出来，给我看。我只玩了几下，就扔在了一个角落里。

过了几天，一个风筝从天上悠然地落下，掉在了爷爷家的房顶上。

别时茫茫心已碎

又翻过几页，一句诗又把我钓入了回忆。

那年秋天，我要去北京上学，就要离开爷爷了，爷爷一直让我收拾行李，而我却一直不动，只顾着玩。临行前，才把几本精美的书装入箱子带走。

只依稀记得，走之前，爷爷与爸爸等家人喝了许多酒，听见爷爷几近叫出来的声音："酒过三巡人不醉，别时茫茫心已碎。"

我与父母就像一个断了线的风筝，飞向了远方。

爷爷在我走之前狠狠地抱住了我，而我却只是随便地说了声再见。

我是人间无根叶

想到这里，我潸然泪下，心里的一根弦被刺痛了，似乎明白了爷爷到底想表达什么，明白了当时被我忽视的关心，明白了那时我不解的言行，读懂了爷爷对我的爱。

我赶忙订了回爷爷那里的火车票，冲向了那个真正的家，看到了爷爷房顶上那个飘落的风筝。

那本日记上多了一句诗："我是人间无根叶，故乡梦里泪纵横。"

【点评】

本篇文章很巧妙地将风筝作为贯穿全文的线索，讲述了和爷爷之间发生的三个故事。打开笔记本，铺天盖地的回忆涌上心头。第一个片段，"风过纸鸢绝不系"，让"我"想起了那个断了线的风筝；"言行无人知情意”，是因为爷爷赶工了几个晚上为“我”做的风筝，却只是被玩了几下，便扔在了角落里。第二个小标题，“别时茫茫心已碎”改编自《琵琶行》的“别时茫茫江浸月”，一个“钓”字用得好，贴合风筝线缠绕的特点；第三个小标题，更是对纳兰性德“我是人间惆怅客，知君何事泪纵横”所表达心情的强烈共鸣。

读　懂

杨抒婧

我的童年，是在乡下的外公家度过的。外公家的房子是农村里那种常见的老平房，院子里有一棵比他年纪还大的桂花树，每当风吹过，停留在瓦楞上小憩的鸟儿伴着细碎的花瓣在空中盘旋打转，抖落下几寸稀稀疏疏的光影。

每隔几天的傍晚，外公就会带着我踱步到田间，看一看庄稼生长的情况，告诉我这个是高粱，那个是玉米。不过很多次，我都只顾着在庄稼间疯跑，并不搭理他，偶尔回头，常看到外公正坐在远处的树荫下，拿着笔在本子上写。我问他写的是啥，他说是诗。我心想：吹牛吧，估计是记了给庄稼们浇了几次水，灭了几次虫吧！毕竟要到收获的季节了……

田里的庄稼成熟了一季又一季，外公却一天一天地老去了。

他再也不能时常陪我去田间玩耍了，可是有时候，他还是会坐在树下，翻动着笔记本，发起了呆。

但是外公每晚打扫院子的习惯还是没有改变。借着树下昏黄的油灯，他佝偻着背，弓着腰，单薄得像一个迎风飘荡的塑料袋。

外公总发什么呆呢？终于有一天，我趁他打扫院子，溜进他的房间，去一探那本笔记的奥秘。笔记本并不厚，墨绿的封皮微微有些褪色，泛黄的书页上不乏手指摩挲过的灰色印痕，想来是看过许多遍了。里面记录的大多是外公成为父亲后发生的事情，儿时的母亲淘气得很，总爱和邻居家的小朋友打架，赔礼道歉便成了外公最头疼的家常便饭。我这才知道，看上去那么温柔稳重的母亲，在外公的笔下，竟有如此假小子的一面。

我又读到幼时的母亲骑在外公的肩头看花灯，读到外公第一次把母亲送到外地上大学，读到外公强忍泪眼地送母亲出嫁……我终于读懂了那些最初误以为的“真相”：

“麦穗掠过她的脸颊，她跳跃的背影映着跳跃的晚霞，我满心满眼都是她的笑靥如花。我想起我的女儿——她的妈妈，三十年前也是在这里，和我一起看夕阳西下。从前的我盼着女儿快快长大，可是真到她出了嫁，离开了原来的家，却仿佛与我隔了咫尺天涯。我知道没有人可以重拾青春年华，也很享受那种甜蜜的牵挂，但我小小的私心还是希望你们，永远都不要长大……”

这是外公笔记本——不，是日记本——上的文字，这是他生命里的散文诗……

我合上了笔记本，眼眶好似被灼伤了一般滚烫。其实，外公最希望看见的，也最不忍心看见的，是那个昨天还抱在怀里嬉戏玩耍的几岁小儿，转眼就成了个头比父母还高的大人。孩子会长大，会跑远，可总有一天，他也会停下脚步，守在原地，等着自己的孩子回家。所谓父母亲情，原本就是一场注定的轮回。

一阵风吹过，摇晃的灯光将外公的影子拉得很长很长，倏忽不见，又重新从小变大，周而复始，延绵不绝……

【点评】

比起快节奏的城市生活，宁静的乡村风光更易勾起人们内心深处最真挚的情感。“我”从小在乡下的外公家长大，文章说外公喜欢带我到田间玩耍，又提到“我都只顾着在庄稼间疯跑”“外公正坐在远处的树荫下，拿着笔在本子上写”，这些其实都是在为后文的情节发展埋下伏笔。结尾为读者揭秘了外公在笔记本上写的文字，读来令人感动不已，饱含着一位父亲见证女儿从出生、长大到成家的甜蜜和惆怅。我们都是父母的子女，也终将成为子女的父母，亲情是一代代的轮回。

读　懂

潘思宇

我住在北京，我太姥爷住在峨眉，每年春节，我都会回太姥爷家。

别人的眼里，我们家很有福气，四世同堂，都说是隔辈亲，这隔了两辈的嘛，不免有些脱节。而我们家，就属于另一种比较尴尬的境地。

太姥爷是个古怪的人，以我姥姥的话说，太姥爷“新颖”得很。家里放着大堆报纸不读，老吵着看电视。《论语》《老子》《商君书》那些先秦书籍摆在红木桌子上倒是显得极美观的。卧室里是一张床，一个大电灯和两双棉拖鞋——家里除了一些不是很新的红木家具外，都是那会儿的科技产品。

因为每年回去，所以我与他还算亲。我七岁那年，太姥爷去世，我的太姥姥在翻捣柜子时，一本破破烂烂的日记被找了出来！

开篇，二〇〇六年六月十一日，她像一朵待开的花朵来到这个世间，这时，她一定在她妈妈的怀里，笑得很甜！未下完的太阳雨持续到了今天，雨后的彩虹延伸到了天堑，这一切的安排或许都来自上天。那道美丽的彩虹，在她眼眸的倒影中浮现。

二〇〇九年六月十一日，她又长高了，在出生后的三年。她变得更加漂亮可爱，让人心生爱怜。我虽不是她的父母，却毕竟血脉相连，想来她以后肯定令我们昂头，美得惊艳。有个爱她的男人，会在红毯上把她的手儿牵。不知道她的爸爸，该是怎样的思绪牵念？

二〇一二年六月十一日，我的曾外孙女啊，不要老是嫌我碎碎念，我老了，有时候记性不如从前，还好有你的提醒，时时回荡在我的耳边。希望你长大以后，不要忘记与这个烦人的老头子的回忆点点，你将来一定要活得随心所愿，可是，我可能无法陪伴你到永远……

在那一年后，一切定格在这串省略中，以后每年的日记本上就再也没有那老爷子歪歪扭扭的印记，但我每年生日都会翻出这本日记，告诉自己，一定要加深可能远去的回忆。或许，在我长大以后，连这个老头子为我鼓着掌唱生日歌的画面也渐渐模糊了，但这本旧日记，这里面朴实的爱，这不同的感情，会在我心里，心底，永远会被铭记。

【点评】

开篇交代故事发生的背景，语言轻松诙谐，作者说太姥爷“行为古怪”，不爱读报纸，却吵着要看电视，一下就让读者对这个“新颖”的老人生出了几分好奇。后来写到，随着太姥爷的离世，我们一家人在整理房间的时候，发现了他生前的日记本，进而拉开了文章的高潮帷幕。

本文选取的三个片段，记录的是他在“我”这个曾外孙女每年生日时记录的感想。值得注意的是，文章别出心裁地用了大篇幅以“an”为韵脚的押韵段落，把一位老人的心路历程娓娓道来，满满都是对小辈的疼爱和关怀，也深深触动着读者的情绪。

读 懂

丁子恒

天气越来越热了，不是在霭霭晚霞的时辰，而是在下午三点钟左右，搬家的卡车到了。屋外的天空燃烧着淡淡的霞红，也许是桃红色的吧，透过玻璃，眼前的市镇都是一片浅蓝。

整理出来的大纸箱都凝聚着灰尘，轻轻分拣出一本蓝色封皮的本子，大纸箱子已经开始搬了。柔软的书脊在手掌中自然地摊开，显现出第一页的颜色，廉价的纸页上写着爷爷的名字，没有灰尘。我从来都不知道他是一个会写日记的人，将第一页日记举到光线处，桃红色的晚霞朦朦胧胧地映入了眯缝的眼睛。

日记本老得令人生畏。

任凭书页从我指尖划过，小心翼翼地怕碾碎了某一处淡淡的墨痕。书页很轻，因为文字的重量很轻，那个年代又有什么值得留恋的文字呢？多是这样的琐事吧。

一道光亮蓦地刺向我的眼球，不是从日记本里发出来的，而是对面人家开了窗户，正好反射了西照的阳光，灿灿耀眼。由于从背面看的缘故，那墨绿色显得特别深沉，仿佛要燃烧成火树。

继续看向日记，发现一页底部的文字异样地变淡了，细看，是两滴泪痕。惊异中便又看向这页的开头，重新品读，那是爷爷的一首散文诗。

“今天，孙子摔碎了别人家的茶碗，庭院里落有茶碗的碎片。捡起来在手中拼成碗形，碗边上还差一片。人家说要赔，又要去借点钱，衣上补丁的疼往心里钻，我抬头望天，以后我的孙子终将长大，但愿他不要如此困难。”

最后一句，是被泪痕濡染的墨圈。不受控制地泪流不止，我多么希望那是因为夕阳的耀眼，可惜不是。

还记得爷爷去世的那年，我五岁。他在甘肃，我在北京，很难想象，一个人去世的时候，他的血亲竟毫无感觉，没有天相，没有雷鸣。

如今，我终于读懂了爷爷的文字，读懂了爷爷的爱。

蓄着满眼的泪水，将眼神伸出窗外。

通红的夕阳，恍如从街边的树梢掠过，树影在晚霞的映衬下浮现出一片黢黑。

掠过树梢的夕阳，刺痛了疲惫的眼睛，我闭上了双眼。而窗外的树枝，向我抛洒下——

破碎的天空。

【点评】

开篇第一段，用“霞红”“桃红色”“浅蓝”三种色块渲染了一种平静温暖的情绪，激发读者的阅读兴趣。文章没有平铺直白的交代和叙述，像是镜头慢慢推进，焦点逐渐定格在主人公搬家整理纸箱的画面上。书页上记录着文字，作者虽说“文字的重量很轻”，但是它背后承载着爷爷对我的期望和爱，这份情感是沉甸甸的，意义重大。夕阳穿过树梢，“树影在晚霞的映衬下浮现出一片黢黑”。这里在用暗沉的色调暗示我此时黯淡、无奈的心情。同时，还写到窗外因被斑驳的光影分割开来的破碎的天空，也是同样的用意。

读 懂

赵之恒

夕阳下，几处人家。秦淮河边凄凉话，落暮昏鸦……

秦淮河旁，我默默地走着。青春期的逆反使得我和父亲的不和已经愈发严重，今日一顿大吵后我无奈地独自出来散心。眼前，远处的太阳已躲到了青山后，唯有余晖仍在竭力地留下最后一抹淡淡的忧伤，试图读懂每一个落魄者背后的故事。

夜晚的静很快袭来，我坐在岸边的长椅上，听着秦淮河水自谱的“凄凉乐”，脑中不断想到的是杜牧的那句诗“商女不知亡国恨，隔江犹唱后庭花”。心中悲伤为何父亲也像那读不懂“亡国恨”的“商女”一样读不懂我的心。头上，满天的繁星在那里一闪一闪的，倾听着我内心的痛苦。

终是抵不住寂寞夜月昏黄的寒冷和内心的不安，我起身向家的方向走去。推开父亲的门，屋内一片黑暗，月光照进窗来，打在满面疲容的父亲睡去的脸上。父亲压在头下的胳膊上闪着点点银光——那是一片湿了的袖角……我刹那间充满了内疚之感：为我和父亲的矛盾，更为自己认为父亲始终读不懂我。眼神游离间，落到了父亲手中那根布满残锈的钢笔下的本子上。

我小心地从父亲紧紧抱着的怀里抽出了本子，原来那是父亲的笔记本。随意地翻看着。本想就这么看一眼放回去的，可我的眼睛却突然被锁在了眼前这页泛黄的牛皮纸上：“亲爱的孩子，今天过得好艰难。几次的吵架，使我痛苦难眠。我理解你的意思，是想自己拿意见，但我只是想让你过得再好一点。还记得咱俩的约定吗？那是三年前……”我十分震惊，赶忙往前翻去，急切地寻找着，终于：“孩子，牵着你白乎乎的小手，我是多么快活。公园里，你幼小的背影，是多么让人不舍。稚嫩的声音，让我抛却了所有的失落。今天你可是说，我们以后一定互相理解，不犯过错。实际上啊，爸爸一直懂着……”一页页地翻着，我早已泪流满面。

原来这么多年，是我不理解父亲，让他承受这么多的痛苦，是我没有读懂他，读懂他的一片苦心，一片爱意……手指慢慢停下，眼睛又落到了今天的这几行字上。我抹抹眼泪，拿起了父亲那支我平时怎么也看不上眼的布满残锈的钢笔在后面写道：“爸爸，让您操心了。儿时的约定，我已忘记。今天看到您的话，我忽然想起。为这么多年对您的不解，说声对不起。从今往后，我不再任性。内心的歉意，我用一辈子，还您。”合上笔，眼泪不自觉地落了下去，打湿了原本湿过一次的牛皮纸——那是愧疚的泪水遇上了爱的泪水，那是两滴互相读懂的泪水……

我早早地起来做好了饭，来叫父亲起床。推开门，父亲正坐在那里，手里握着笔记本。见到我，他站起身来，相视一秒，我俩紧紧地抱在了一起，没有话语，却已读懂了彼此。那打在泛黄的牛皮纸上的暖暖的阳光，便是最好的见证……

【点评】

开头四个短句先声夺人，如一幅徐徐展开的落寞诗卷。与父亲闹别扭的孩子独自走在秦淮河畔，仿佛无家可归的游子。文章暗用杜牧《后庭花》一诗的典故，用不知亡国恨的商女，来类比读不懂自己心思的父亲，处处显示出了诗词的文学气息。太阳的起落本是自然现象，并不会因人事的悲欢离合而触动，正所谓“一切景语皆情语”，作者心情低落，便不由自主地将自己的心情投射到外物上，才会有“远处的太阳已躲到了青山后，唯有余晖仍在竭力地留下最后一抹淡淡的忧伤”的错觉，这种移情的写法实在是妙。

第三章 ________，让我心生敬意

别裁旁通

本章的异构母题是北京的一道中考真题：《__________，让我心生敬意》。

这是一道半命题作文，出题人要求在横线处填写一个古迹或一件文物。面对这样的题目，很多同学会选择写古迹，因为大部分同学对文物了解非常少。而选择古迹的同学，又常常会选择北京当地的古迹。北京是一个历史悠久的城市，目前已知的有文字记载的历史可以追溯到周朝的召公姬奭被分封的燕国时期，古迹当然是有非常多啊。但是，最常见的通常最容易被我们忽视，很多北京的孩子，对北京的众多古迹的了解，也就只是停留在比较浅的层面，于是，很多同学并没能在考场上把文章写深刻。

怎么办？此时应该选择哪个古迹呢？

有一个非常好的方法，我们要写一个古迹让我们心生敬意，是不是要写古迹背后的人？于是，我们是不是可以换一个角度，我们先想想，哪些古人是让我们一想到就特别感动的？我们先找出那个我们一想到就热血沸腾的古人，再思考他或她曾经在哪里活动过，哪些古迹有他们的“影踪”？这样，即使这个古迹你并没有去过很多次，但你仍然有可能

写得相当精彩！

并且，一个古迹，可能有多位古人的“影踪”，如果你选取三位让我感动的古人，把作文写成三个片段，会不会突然觉得写作负担变轻了？因为你已经成功地“化整为零”了！

有同学会问了，那如果想选择写文物呢？

我想说，方法不是一样吗？

同题异构

浣花草堂，让我心生敬意

张钰芃

云影微破，早春金黄色的太阳洒了下来，穿过翠柏的枝叶，留下了满庭稀疏的日影。一段段光晕把浣花草堂割成一段段，最后拼接在一起。

草堂至今仍被修得完善，于我看来，应是用泥土和草垛筑的形，应是用光阴和春景上的色，应是用风雨和磨难勾勒的轮廓。如今我面对着浣花草堂，遥想伟大诗人杜甫的半生坚韧，瞬间心生敬意。

（一）草堂之挺，让我心生敬意

我在早春的日子里寻访浣花草堂，问清了路，寻到一条小径，曲折、宁静，用两堵矮矮的红色土墙堆起来的，自然有种庄严的气韵。穿过小径来到草堂之外。草堂简朴不失规模，前有回廊曲槛，后面有座土山，一道溪水怀抱着草堂，绕了出去。如单是这幅田园派光景，无法使人心有敬意。

不巧的是刮起了大风，狂风卷起旁边树上的柳絮飞扬飘荡，卷起桃花花瓣扔进溪水中，目送着花瓣随波逐流，这大风让人都有些站不住脚。而面对着大风，仍然坚守矗立，挺拔不倒的是浣花草堂。大风能卷起屋顶的茅草，但无力摧毁草堂。这草堂多像当年的杜甫呀。我突然想到，杜甫当年定是看到这癫狂柳絮，轻薄桃花，想起了朝中那些随风摇摆、随波逐流的苟且的奸臣。于是写下了“癫狂柳絮随风去，轻薄桃花逐水流”来痛斥他们。他杜甫就像这草堂一样，坚挺地屹立着，顽强对抗着想摧毁大唐的狂风骤雨。

此时，我已经不知是草堂像杜甫，还是杜甫像草堂了。只觉得眼前狂风中的草堂就像杜甫的化身，着实让我心生敬意！

（二）草堂之静，让我心生敬意

风停了后，坐在草堂休息，默默地环视着周遭的一切，这里有在晓雾里沾湿了露水的笼竹，有呢喃的定巢燕子，有相亲相近的白鸥……我忽然理解：草堂外可以茅草尽失，草堂内永远恬淡平静。

没有狂风的草堂，那么宁静，那么可人。杜甫当时是否也像我一样，静坐在这里，向往着世间的“狂风”的消逝，向往着国家像这没有狂风的草堂一样宁静和平。

原来越是美好的景色，越能触发杜甫忧国忧民之心。为何他的眼中饱含着泪水？因为他对这个国家爱得深沉！

这个曾经让杜甫老泪纵横的宁静的草堂，而今也让我热泪盈眶，我知道，这是敬意的泪水。

世上疮痍，诗中圣哲。民间疾苦，笔底波澜。

草堂是杜甫的过去，也是杜甫的今世。只要这草堂还在，我觉得杜甫就也还在这里。

这浣花草堂，让我心生敬意！

【点评】

这篇作文最大的亮点是化用了大量的诗词，开头的“云影微破”即宋代词人张先的“云破月来花弄影”，渲染了一种幽静古朴的氛围。“我”踏进浣花草堂，首先是感受到其中的庄严肃穆。第一个片段“狂风卷起旁边树上的柳絮飞扬飘荡，卷起桃花花瓣扔进溪水中”，出自杜甫的《漫兴》“癫狂柳絮随风去，轻薄桃花逐水流”。作者由眼前草堂的景色，联想到诗中对应的描写，再想到杜甫本人，内容层层推进。而从第二个片段，我们又可以寻得“风含翠篠娟娟净”“泥融飞燕子”“相亲相近水中鸥”的踪影。诗词和作文的紧密结合，确实相得益彰。

欹器，让我心生敬意

张兆函

初次见到欹器，是在故宫的展厅，我首先看到的是欹器上的精雕细琢的纹路，真想不到，这样一件器物的诞生，经过了多少道工序的设计和冶炼，又融入了多少劳动人民的辛勤汗水呢……它的精美，让我心生敬意。与我同行的伙伴见我驻足多时，便勾回了我出走的思绪：“你对欹器很感兴趣吗？我知道关于欹器的一些故事，想不想听听？”我欣悦地点了点头。

透过他一段段话语，我仿佛置身于天子的殿中，在雄伟高大的天子宝座右侧摆放着欹器。每天，天子都会看着欹器，来告诫自己“谦冲以自牧”。多少明君把欹器当作自己做人的座右铭，先要修身齐家，方能更好地治国平天下。欹器不仅是一个简单的器皿，它的地位之高，让我心生敬意。

时隔数年，当我游览周庙时，又看到了欹器，当地导游自信地说道：“这是全国最有历史意义的欹器！”我好奇地问了他原因。于是，他生动地呈现了孔子当时参观周庙询问欹器的画面。当时孔子在周庙用欹器来告诫弟子们此器皿非同一般，它如不装水，会歪着；如装一半水，会正着；它如装满水，会倒着将水溢出。所以孔子就说道：“吁！恶有满而不覆者哉！”听到此刻，我顿时明白了它为何一直是天子的座右铭，为何地位如此之高。原来它就象征着我们俗话所说的“满招损，谦受益”啊！欹器的深刻寓意，让我心生敬意。

如今上了初二，有一节物理课。物理老师讲到了欹器，告诉我们重心变化的作用，又让我们亲手制作了欹器。水流泻入其中，我看着由原本的“虚则欹”，慢慢变得中正，最后稳固地立足于地。欹器的神奇，让我心生敬意。

欹器，这个非同寻常的器皿，有着精美的雕琢；有着尊贵的地位；有蕴含着哲理；有神奇的物理特性。欹器，真的让我心生敬意。

【点评】

这篇文章从欹器的四个特性——雕琢细致的外观工艺、对人们的警示意义、蕴含的历史文化内涵、象征着的低调谦逊的精神，来着手展开叙述。作者由在故宫展厅与欹器初次相遇为切入点，透过同学的讲述，明白了欹器的用途，原来它是古时候皇帝放在宫殿座位的右边，用来时时警醒自己的“宥坐之器”，后来演变成为后人常说的座右铭。接着介绍原因，原来装了一半水的欹器可以保持正立，但若是装满水则会倾覆，它教会了我们为人处世的道理，要始终保持谦虚低调的态度。层层递进，将“心生敬意”的程度推向极点。

好园，让我心生敬意

沈思祺

一套看似普通的两进四合院，却是延续了百年的“王谢”门庭。一座不上星级的宾馆，竟能吸引各国元首驻足。不知这里有什么“贵逾珍宝明逾镜”，竟引得王侯将相争相流连忘返？坐落在东城区的好园，自始至终宠辱不惊。名声虽小，可窥探起里面的故事，着实让人心生敬意。

伴着酡红色的天空，徒步来到史家胡同。胡同东口，一座朱漆大门最为扎眼。乍一看去，这座门楼比相邻院落的广亮大门高出不少，足可走车。抬眼望，对开的府门上悬挂着黑底金字的匾额“好园”，细看落款，还是当时负责妇联工作的邓颖超亲自题写。因为好字拆开了是女子二字，更是暗示此地为女子活动之园。电视剧《人间正道是沧桑》瞿霞的原型，刚烈人物帅孟奇，以及红色女杰蔡畅，朱德的夫人康克清都曾在此办公过。

这些女共产党员，有的经历了敌人严酷的拷打，有的率兵上战场，大部分走完了两万五千里长征，当真让我敬佩不已。语文课本上“谁说女子不如男”的花木兰，确实与这座好园相得益彰。

说起中国的女子，不妨有大量“虽是巾帼，却着实不让须眉”的传奇。论商朝，有妇好这样的女将军，虽为商王武丁的妻子，但每次战争从未缺席，带兵杀敌样样不落；谈今日，常常可以看到女护士，女医生的身影，她们不畏病毒，始终站在一线。都是我们学习的榜样。

如今的好园是一套两进四合院，前院进深宽广，后院则更加收敛些。东西配房的房檐上，悬挂着两排宫灯，衬着四月下旬五点的太阳，微微晃动。后院里，一片紫藤花架，一口养鱼的瓦缸，一座汉白玉的石桌，寥寥几笔，勾勒出夕阳西下的北京韵味。院中据说与好园同庚的古树，年年岁岁，守候着这座百年老院。

离开好园时，胡同外的城市已经灯火阑珊。一座古老而崭新的城市，有历史的辉煌，相当于在人们心中点亮了光。回首好园里过往的人和事，令人陡然升起敬意。我们的国家从来不缺英雄：倘若天下安乐，我等愿渔樵耕读，江湖浪迹；倘若盛世将倾，深渊在侧，我辈当万死以赴。

【点评】

相比于故宫、长城，本文选取的写作对象，是一个相对小众、不为人所熟知的历史景点，初读题目便有让人眼前一亮的感觉。好园坐落在北京市东城区的史家胡同内，是繁华的闹市中心的一块宁静之所。门楼上的“好园”二字为邓颖超题字，寓意“女子园”。在这里，发生了太多“巾帼不让须眉”的故事。同时联系现实，如今也有这样值得我们尊敬的女英雄，具有时代意义。由此，作者感悟到好园背后承载着中华女子以至整个民族的坚韧刚毅的人格和精神，经过年代和岁月的沉淀而愈加醇厚起来。

敦煌壁画，让我心生敬意

汤尹

这是我坐在敦煌莫高窟景区门口的第一个年头，每天二百二百地收门票确实无趣。即使倒班的时候走进去参观过，见到的也还是在干燥环境里不断风化的油彩、始终安详闭目的佛陀。你说莫高窟单调压抑？我一个小售票员都知道它的历史文化价值在世界都是无价之宝，光是这个巨大的名号，就足以让听者生出几分敬意。可你说它怎么个辉煌，除了高、大，我还无法用壮观以外更触及灵魂的语言将它形容。

为了响应“一带一路”倡议，我们单位准备组织一场“触摸莫高窟心脉”的集体研读观光活动，以便后期工作人员的互相配合，推出相关的宣传推广活动和周边产品。我立马来了兴趣，好解开心谜。

寺院阴凉，广场芳草萋萋，城墙没入葳蕤密林，滋生缝隙的窗栅栏阻隔晴空白日，壁画与浮雕在灰蒙蒙的光影里更显神秘。整个莫高窟共有735个洞窟，但常年对外开放的只有60多个，以往只能自己走马观花地看一眼，这次却得以悠闲地观赏这个庞大石窟的全貌。

或许是因为有了导游绘声绘色的悉心讲解，我的心境也与过去有了很大不同。进入莫高窟，我的目光便被这斑驳石壁上的方寸之间紧紧攫住：从北凉开始婚丧嫁娶的风俗演绎、亭台楼阁里精彩的宫廷生活、释迦牟尼苦修行善的巨制连环画，仿佛把我拉回了千百年前，顿觉中华传统文化褪去高妙隐私的风衣，用生生不息、吐纳百代的姿态迎接着每个人。这背后厚重的历史和文化沉淀，让我心中对莫高窟虔诚的崇敬也随之缓缓流出。

继续信步闲庭，寂寥荒漠风沙呼啸，没有青树翠蔓，没有花草芬芳，植根大漠野蛮生长。但我却在飞天的身上看到有别于其他文化的生命律动。精细的笔意，瑰丽的色流，生命的信号灯默默闪烁千年，人文情怀感历经沧桑不改。每隔一段时间，这些壁画就要精修细调，经过一位位日日夜夜不曾停息的画工和雕塑者的巧手，只为确保能将敦煌奇迹完好地交给下一代。

“多么伟大的工匠精神啊！”跟随着导游的介绍流出的，还有一声声充满敬意的情不自禁地赞叹。

……好几个小时过去，我的双腿走得有些酸胀。出了洞窟口，晚霞明亮了戈壁滩，也明亮了我的心。敦煌莫高窟的壁画，让我心生敬意，我愿付出自己微薄的努力守护它，让更多人去了解这个神圣的地方。

【点评】

作为世界文化遗产的敦煌壁画，自然是众多中国乃至国外人民在大西北之行的热门旅游景点。都说壁画的风格具有与世俗绘画不同的特征，寄托着人们善良的愿望，是一门安抚心灵的艺术。然而，官方的文字介绍恐怕并不足以让人“心生敬意”。本文则以一位莫高窟门前售票员的讲述，揭开参观的经历。在这次悠闲的细心观察下，“我”获得了与以往游览不同的感悟，勾起了根植在自己骨子里的文化自豪感，这是一种伟大的工匠精神。心中的敬意层层叠加，最后升华结尾，要让更多人了解敦煌壁画背后的精神和文化。

风波亭，让我心生敬意

林邦皓

我站在西湖湖畔，阳光透过枝叶斑驳了碧波浩渺的西湖，湖水倒映出岸边古老的历史。

“十景”的西湖风光无限，游人不绝，我却无心观赏，没错，我这次到西湖，便是来寻他的遗迹，和那个令我心生敬意的地方。

一座古朴寻常的亭子，牌匾上的“风波亭”风舞飘散，像是在诉说一个故事，两旁的老柏好像想在这英雄逝去的亭子上再搭上一座亭子，为他的魂多遮些风雨，三座斗大的石头凌然立在亭前，露着刚毅。没错，这便是岳飞逝世的地方。

走进亭中，望向他一心收复的北方，眼前浮现出一个投身于战事的将军，一张在万马之中没有丝毫惧懦的面容，一个宁死不屈、傲然挺立的背影，一颗炽热的报国之心……他是那么潇洒，那么豪迈，我瞬间心生敬意。

站在此处，我回想着这个已经不知读了多少遍的故事：

高宗年间，权臣秦桧与高宗用十二道金牌召回岳飞。岳飞无奈，明知是奸臣的谗言，但他没有任何怨言，奉旨回京，数十年的心血功亏一篑……回京后又遭奸臣陷害，岳飞唾骂他们，他们用刑罚逼供，岳飞更不惧怕，反而越骂越凶。可他终究还是带着那“怒发冲冠”的悲愤；“待从头，收拾旧河山，朝天阙”的遗憾；“壮志饥餐胡虏肉，笑谈渴饮匈奴血”的豪迈，将生命永远留在了这风波亭中。

此刻我想着岳飞的事迹，回味着他不畏奸臣当道，精忠报国的精神，心里的敬意油然而生。

我突然想到，当年抗日战争时期，在日本侵略者的铁蹄下，在伪军作乱的侵扰们下，军民忠心于国家，用热血铺成的胜利，会不会与风波亭的岳飞有关?

岳飞走了，可他的精神传遍天下，成为中华人民的民族精神。

我立于风波亭下，并不刺骨的风轻轻地吹着，可我的心中却沸腾着深深的敬意。

岳飞的生命与精神留在了这个地方，这个令我心生敬意的地方!

【点评】

“两旁的老柏好像想在这英雄逝去的亭子上再搭上一座亭子，为他的魂多遮些风雨”一句的联想实在是妙，本是表达自己对岳飞的敬意，却赋予景物以人的情感，说柏树也同情起岳飞的遭遇，所以想为他遮风挡雨。作者站在风波亭中，望向岳飞一心收复的北方，追思过往，引出岳飞一生的故事。“怒发冲冠”的悲愤；“待从头，收拾旧河山，朝天阙”的遗憾；“壮志饥餐胡虏肉，笑谈渴饮匈奴血”的豪迈……一首《满江红》道出岳飞心中五味杂陈的悲愤、不甘，而这背后蕴藏的，是他对祖国大好河山的热爱，也强有力地说明了“我”对风波亭心生敬意的原因。

第四章　假如我与心中的英雄生活一天

别裁旁通

本章的异构母题是北京的一道高考真题：《假如我与心中的英雄生活一天》。

是的，北京的高考作文题里，也经常出现记叙文类的命题。

这道作文题，真的是一道非常好的开放性的想象类作文题。每位考生都可以选择自己心中的英雄来想象共处一天的经历。每个人都有话可说，但要写出新意，也确实不是一件容易的事。首先，必须选择一位你真爱的英雄；其次，你必须对这位英雄有比较深入的了解；最后，你还应该对这位英雄所处的历史年代有较深入的理解。这真是一道非常有情怀的作文题，考查的是学生的跨学科的综合能力，所谓“文史哲不分家”，在这道题里得到淋漓尽致的体现！

读到这里的同学，你最爱的英雄是哪一位呢？你对他或她的了解深刻吗？如果够深刻，你可以动笔写一写了；如果不够深刻，那真的可以借此机会，深入了解一下了！

同题异构

假如我与心中的英雄生活一天

许松琛

在那间破旧的茅舍前，我第一次见到他。

他的颔间蓄满了胡须，那样貌让我怀疑，他真的是那个夜袭金军大营，千万军从中率领五十骑兵活捉叛将张安国的那个少年英雄吗？

“我儿习得好武功！”他笑着对那三个舞着兵器的英俊的少年拊掌。“我今日即将见客，你等先退下歇息吧。”三个少年的面孔看上去稚气未脱，手中的刀剑都已褪去了光芒，似是有了些年头。这，就是他那三个曾经在田间锄豆、织笼、剥莲蓬的孩子吧。“先生能来这乡野访我，真是稀客，快进来吧！”他浑厚清朗的话音把我从思绪拽回现实。

于是，我随他步入屋内。可是，并不宽敞的房间里，一切都还是空荡荡的，了无雕饰的墙壁上，只挂了他的几幅我耳熟能详的词，除此之外便再无他物，我还看见，昏暗的桌上凌乱地放着厚厚的一叠泛黄的纸，最上面的一张分明写着“美芹十论”四个大字。“唉，那些不过是些无用之物罢了，你若想要，便尽拿去吧。只是先生是否愿意与我出去散散心？”他问道。我欣然应允。

走在青翠的山丘上，他与我一边谈笑，一边吟诗。他吟道，想当年，金戈铁马，气吞万里如虎——我跟随着他的回忆，仿佛回到了二十年前的那个夜晚，仿佛又看见了那个二十岁，雄心壮志气吞山河的少年英雄……他吟道：倩何人唤取，红巾翠袖，揾英雄泪？他说，他多么希望，能有一位女子，擦去他心中积聚二十年的泪水……他吟道：我见青山多妩媚，料青山见我亦如是。他从未遇见，那懂得他的“二三子”，和他志趣相投的，也只有这峻峭的山峰了吧……他的手指向四周的农田，两只眼睛明澈得像一泓清水。

他引我至丘顶的小亭。他从怀中变出一壶米酒，与两个小瓷杯。也许此刻，那些他曾登临的更加雄伟的亭台都浮现在他的眼前。“喝酒！”他说着，将酒杯斟满。一杯，两杯……他的脸上已泛出红晕，却痛饮不止。忽然，他腾剑而起，将面前的酒杯斩为碎片。他望着惊恐的我，喟然长叹。

夕阳将落，西天已然染成血色。“时间不早了，你走吧。”他在漫天霞光中转身离去。“稼轩，就此别过！”我看见他无言的背影消失在屋里。但我知道，他还将怀着永不熄灭的信念，成为那春日蓬勃怒放的荠菜花。

【点评】

本文开篇设置悬念，引起读者对“他”身份的好奇。第二段则化用《清平乐》“大儿锄豆溪东，中儿正织鸡笼。最喜小儿无赖，溪头卧剥莲蓬”的典故，交代了辛弃疾此时隐居田园的状态。值得注意的是，在“我”和辛弃疾生活一天的互动中，“我”首先是看到了桌上的《美芹十论》——那本不受到当时统治者认可，却是后人眼里价值颇高的军事论著。“你若想要，便尽拿去吧”是他内心郁闷、愤慨情绪的淡然流露。文章最后，用了象征的手法，说城里的桃花梨花最害怕风雨的摧残，最明媚的春色就在辛弃疾身上，在那溪边盛开的荠菜花。

假如我与心中的英雄生活一天

曹陈华睿

南宋。

信州，稼轩。

独自一人骑着马走在驿道上，沐着斜阳，望着远方的松树。扁圆的太阳将半边天映得火红火红，像极了血。“血，”我喃喃道，“那是多么遥远又多么令人兴奋的事物。”

马驯熟地驮着我转过了几个弯，来到了一条小道上。不远处有一座房子，门虚掩着。房子的更远处是一片湖水，再是一片农田，田地里的粳稻，早已窜得有人高了，黄灿灿的。在这些事物之间，这座房子一下子显得渺小起来。

马蹄踩在碎泥上，把我颠到了门前。

我不敢贸然闯进英雄的草房，门虽虚掩着，我也以手敲门。

门开处，令我惊诧的是，幼安本人迎了出来！他见到我，便又惊又喜，“你怎么来了？快请进！马我让小仆牵到厩里去……”

“自打跟你南归之后，我就投闲置散，想想也有十年多没见到了，打听到你这里住了新家——也有几年了，来看看你。”

“新家”很朴素。唯一的装饰是一幅字，他亲自写的：

“进退存亡，行藏用舍。小人请学樊须稼。衡门之下可栖迟，日之夕矣牛羊下。”

我读罢，大吃一惊。幼安竟生了安居的念头！我转头看看稼轩在熟练地张罗，心中老友重逢的种种情绪一下子变成失望——幼安已不是原来的幼安了！安居也罢了，还公然以诗传为由。

我怀着愤懑、疑惑、不解看下去，被幼安打断了：“酒温好了，来叙叙旧！”

叙旧不过是当年如何合力抗金，朝廷如何对我们不好。想到刚看到的那半阕词，我试探性地问一句：“那个，你受打击这么大，没考虑过归隐吗？”

幼安用复杂的目光看了我一眼，抿一口黄酒：“不是没想过。”

“那——”

“但我爱大宋，古语有云‘知其不可而为之’，我哪里是那栖栖者呢！……前两日同甫来访，我留他住，中间他不睡，起来舞剑，边舞边吼：‘男儿到死心如铁，看试手，补天裂！’”他点了点头，又摇了摇头，仍复喝那杯酒。

沉默。

我转过头去看那下半阕词。

“去卫灵公，遭桓司马。东西南北之人也。长沮桀溺耦而耕，丘何为是栖栖者。”

我笑了，又忙地把这笑容敛住。抗金的火苗没有熄灭，但也只能算闷燃了……

那晚，我们谈到很晚，我喝得很醉，只记得幼安送我出来，站在桥头，自言自语道：“独立小桥风满袖，平林新月人归后。”

我踏马归去，对这个大孤独者赠以祝福与敬佩。我混沌的脑子里忽然闪过一个想法：桥下的流水是否收纳过幼安这个不顺遂之人的眼泪呢……

【点评】

开头干练的三个短语，仿佛一部武侠电影的场景切换，慢慢将镜头推移到行走在乡间小路的一人一马上。“血。那是多么遥远又多么令人兴奋的事物”，暗示“我”是一位曾经跟随过辛弃疾并肩作战的将士，只是好久都没机会碰过武器了。会面的几句寒暄后，“我”看到了墙上的一副对联，上半联透露出满满的归隐念头，暗暗埋下了二人的戏剧冲突。而在“我”有意试探的对话中，为读者揭秘了他对抗金的强烈信念，“男儿到死心如铁，看试手，补天裂”。结尾暗用“郁孤台下清江水，中间多少行人泪”的典故，本文对诗词的巧妙融合，实在是妙。

假如我与心中的英雄生活一天

宫欣悦

北风萧萧，片片雪花仿佛从四面八方涌来，落入如墨般深沉的一片易水。如血的残阳镶嵌在冰冷的长空之中，耳畔仿佛只剩下悠远的马嘶与雁鸣声……

易水河畔，送行的击筑乐声盘旋在天际。我对这样的“热闹”有些不知所措，只能埋着头，脚尖不自觉地摩擦着地面。

“这太子丹只是为了自己的利益，让你去刺杀秦王，你又何苦去为他拼命呢？”高渐离的声音在我头顶响起。抬头间，从荆轲深邃的眼眸中，我仿佛读懂了他的心思。其实，他何尝不知道太子丹派他去秦国，真真假假间掺了几分利用，即使会付出生死的代价又如何，他知道这么做不光是为了他自己，更是为了黎民百姓和天下苍生。荆轲苍然的尾音像水边芦苇丛微末的萤火，弥漫在空气中：“我既然已答应了他，就一定要做到。”

他把酒杯递给我，猛饮了一杯酒，我也一饮而尽。浊酒的苦涩在舌尖慢慢散开，但世人却不知这其中滋味，亦不知其含了多少泪水。

“舞阳，该上路了。”他一把拉住我宽大的衣袖，带我跳上了马车。风萧萧地刮着，刮寒了燕地的冬日，水冻成了冰，却冰冷不了那炽热似火的内心。

在驶往秦国的途中，驾车的手早已冻得失去知觉，脸上的泪已经风干，尽管脸上生疼。但我想，身体上的疼还是其次，哪里敌得过心里无限的悲伤呢？

“先生——”我转头想要张口，却被荆轲良久的沉默打断。他最终说了一句，“你是否是来助我的，若是便留，不是便离开这。不想让你身陷险境。”我没有吭声，只是默默地跟着他。

一路长途跋涉，我们终于到了秦国的宫城。我被挡在秦王大殿，气势宏伟的宫殿荆轲没有看一眼，只疾步向前，脱鞋去袜，直入大殿，我掏出宽大袖袍中的木匣，里面太子丹敬献给秦王的江山图。稍稍迟疑，把木匣递给了他。

生死存亡的命运凝结在这短短的一瞬，我握紧了拳头。对于过惯了颠沛逃亡生活的我来说，这种刀口舔血的日子早已是家常便饭，可这一次，我多么想要提醒他啊，可我也知道，所谓善意的提醒会让他暴露身份，让他身边的人受到牵连。

我转身离去，在宫殿门口候着，弹簧一般莫名其妙的想法弹出来了，即便我跑不了，也不能眼睁睁看着他被俘虏被杀害，我给他的马饮了水，喂好食，悄然骑上那匹拴在宫门外的千里名驹，等待时机飞驰而去，救上他，逃离着火海。我想得正美时，意外却总是在不经意间发生，出乎意料地把人耍得团团转，滑稽得不如一个小丑。

我赶回殿门，远远看到大殿内那幅红花落满枝头的画卷在荆轲手中展开，我知道，此时，一把致命的匕首闪着冷白色的森森寒光，荆轲大喝一声，冲上前一手抓住秦王的袖子，一手持匕刺过去，不料秦王一个翻身躲过，一场在宫殿的荒诞追逐开始了。

一声刺入血肉的哀号响起，“不，不！”我竭尽全力地大叫，片刻间我便被秦王以逆臣同谋的罪名扣押，无法动弹。被秦王拼命刺杀的荆轲倒在柱子旁，想竭力地扶住柱子让身体不至于倒下。

“你想迫使本王答应不去灭燕？你以为天下统一的伟业会被一只螳螂挡住吗？”荆轲应之的是一笑，但不是临死前的惨笑，而是一种壮丽的笑，一种像山川一样壮丽的笑。“我也知道这可能行不通。但我既已答应了太子丹，岂可不以死践之？只是……”荆轲转过头，似乎想要用尽全身的力气对我呐喊，声音却是细若游丝，“你不该回来的！”没等说完，便咽了气。我就这样看着他的遗体被侍卫抬走，狠狠地被扔在了草垛上。

我缓缓闭上了眼，听着头顶传来刀剑挥动空气的声响。天空还是那么蓝，可惜，我可能再也无法看见了……

【点评】

荆轲刺秦王是众人熟知的故事。受燕太子丹委托，荆轲借向秦王奉送地图的机会，将匕首藏于宽大的袖中，“图穷匕见”。然而刺杀并未成功，失败的荆轲被秦军包围，结束了生命。本文的写作视角选取的是与荆轲同行的死士秦舞阳。史书上称秦舞阳年少时曾犯下杀人案，被太子丹找到后随荆轲赴咸阳刺秦王，至于他最后的结局，因为缺少记录而无从知晓了。作者发挥了强大的想象力，通过对秦舞阳心理活动和对话的详细刻画，丰富了人物的血肉以及我们对荆轲的认识，把原本的悲剧色彩渲染得更加浓厚了。

假如我与心中的英雄生活一天

石宸瑞

冷月窥窗，玉盘正循着星河升入天穹，将皎洁的月光均匀地涂抹在一张书桌上。王安石正坐在桌前，手捧一沓书卷，不时用狼毫在书卷上勾画几下，目光盈满的却是迷茫。

也正是在这个处处虫鸣的秋夜，我从千年之后穿越而来，拜访我心中的英雄王安石——新法被废除之时的王安石。

走近一座簇拥着野草荒藤的小屋，王安石正在月光下写着奏折。因为专注，他对我的到来竟一时没有反应。待到他从橱柜里端出一小坛酒招待我时，我才说明了来意。听到我是穿越者，他显然有些吃惊，眉头依旧凝重着苦涩。

一杯酒入喉，王安石立起身，甩出一本奏折放在我的面前。奏折中的墨迹仍闪烁着幽幽的光，看来是新写的。他告诉我，他曾无数次上书，却终都石沉大海。他问我：“你们后人都觉得我的变法是好的，为何还会被废除？”我却回答不出。

他又长啸一声，而后吟到：“墙角数枝梅，凌寒独自开。遥知不是雪，为有暗香来。”他告诉我这是他去年冬天所作的诗句，那时他已被贬于乡间。看着萧瑟的风从这漏洞百出的茅屋钻入，我也有些伤感。

不知为何，王安石又端起一杯酒，酒汁全洒在地上，连成一道长长的直线，如一条受囚于黑暗与困境的龙。他说：“这杯是祭给神宗的。”他又斟上一杯酒，而后一饮而尽，对于不常喝酒的王安石来说，酒是消愁用的。

也许他还有雄心壮志，我却不愿目睹这本是璀璨的明星与乌云做伴。于是我说：“您还是放弃吧，您真的甘心被说是奸臣，遗臭万年吗？游游山，玩玩水这多好。”时间仿佛又被按上了暂停键，只能看见微弱的烛光跳动着，在书桌上抛洒下昏黄一片。

王安石立起身，望着深黑色的幕布，乌云冲散了明月，可婵娟的亮光却逐渐点亮了整个天空。他拿起奏折，决绝地挥剑像斩断一众乱麻一样：“为了百姓们，这点苦算什么？为了天下太平，我九死无悔！”

我有些惊异，这个老人的脸庞渐渐模糊，愈发不清晰。我的思绪被拉得很远很远……想起了那个寒窗苦读无人问的他，想起了那个舍弃功名屡还诏令的他，想起了矗立在朝堂，为了苍生社稷仗义执言，孤身一人突破重重黑暗的牢笼，坚持变法的执着的他……

此时已是天明，我离开了茅屋，虽然是秋天，可却有隐隐梅香，裹挟着初冬的清新飘散开来，四顾远眺，却不见梅树的踪迹，或许王安石正是那株傲立茫茫飞雪之中，带着不屈信念，继续播散着清香的梅花。

【点评】

“冷月窥窗，玉盘正循着星河升入天穹，将皎洁的月光均匀地涂抹在一张书桌上。”一读开头，萧瑟凄清的感觉扑面而来。再往下读，才知道“我”是从未来穿越回北宋的人，此行碰到了那位变法失败的英雄王安石。王安石变法是他生命中一个非常重要的转折点，伴随着宋神宗的离世，拥护变法的支持力量悄然消散，这场触及贵族利益的改革不幸告终，正好对应文中王安石为感念曾经给予他支持的皇上，以酒酹天地的情节。交流过程中，“我”听着他诉说心事，对他那颗始终如一关怀天下苍生的心的敬意，更上升了一层。

假如我与心中的英雄生活一天

祝翘楚

一抹沉重的夜色晕染在纯白的病房，一台超长待机48小时的心电仪“滴滴”作响，一个倚在胳膊上的脑袋时抬时放，一个无影灯投下有些刺目的白光……

我没想到，一次看完新闻后不由自主的感悟，竟真让我实现了和心中这位英雄朝夕相处的愿望。

我化身为一副眼镜，面前这个正在和睡意抗争的老者变成了我的主人。

主人已经同那台心电仪一起，连轴转地“坚守”了整整两天，未曾合眼。除了偶尔在按摩鼻梁的时候，我几乎找不到任何机会离开他的面庞。每当我对上他的双眼，想要在纸上临摹出那些交错的血丝的纹路，他却用我反射的灯光打掩护，遮盖自己的疲惫，眉头紧锁的瞬间，便开始紧紧盯着机器上高低起伏的红色曲线。

在确认病人一切正常后，主人长舒了一口气，终于将我摘下放在手边闭目养神，不再让我窥视他的疲倦。

病房中其他医护人员都不忍打破这短暂的宁静，只有室内单调的“滴滴”声，带起床头柜上杯中早凉透的水泛起了小小涟漪。

“走。”主人睁开眼。又要赶去新的病房了。我被架上他的眼睛，看到他的瞳仁里隐隐有光闪现。是灯光吗？我不知道。但我知道，这样的光，在十七年前也出现过。

我的思绪飘回了过去，任一个个采访的新闻片段将大脑填满——

彼时的他年近古稀，和多数医护人员一起奔赴北京，抗击非典。在一场新闻发布会开始前，我听到有人小声地“提醒”他“不要讲太多”，但主人只是扶了扶我的镜架，笑而不语。我还记得他当时的回答：“现在病原不知道，怎么预防不清楚，怎么治疗也还没有很好的方法，病情还在传染，怎么能说是控制了？我们顶多叫遏制，不叫控制！医护人员坚守在自己的工作岗位，防护却还没完全到位……”

这一大段比真药还真的真话把那位记者砸蒙了。那时坐在电视机前的我也大为震惊，但又无比欣喜、自豪，震惊的是他“不按套路出牌”；欣喜自豪的是我们国家有这样一个赤诚、坚守底线和原则的人。

十七年的光阴流转，当我认为他眼中不会有比这更亮的光时，在一间病房里，我又一次见到了这光。

他走出病房，把架在鼻梁上的我扶正，也晃醒了沉思中的我。医院门口一群记者涌来，好几个话筒踊跃地争夺着他的注意，无数问题被不同响度、不同音调、不同音色的声音抛出。媒体的长枪短炮对着他的脸，闪光灯亮着同无影灯一样刺目的白光。

他的语气如十七年前那般淡定。我恍然大悟，十七年的光阴虽然改变了他的年龄，他的容貌，乃至他的身体状况，但不变的是他眼中的光，他对心中信念与医德的坚守。

他，是今年八十四岁仍然坚守在一线的医务工作者钟南山，是我心中的英雄。我很庆幸，能以这样的方式陪伴他生活一天。

【点评】

对于题目《假如我和心中的英雄生活一天》，大部分人的第一想法都认为“我”只能写自己，但是这篇文章却另辟蹊径，把自己写成了一个物体——钟南山的眼镜。作者为什么会产生这样的巧思呢？因为陪伴他时间最长的，确实就是这副眼镜。不直接说钟南山疲倦，却说他“终于将我摘下放在手边闭目养神，不再让我窥视他的疲倦”，仿佛我真的是这个事件的参与者，在讲述着这一天生活的见闻。

第五章　美在不期而遇

别裁旁通

本章的异构母题是命题作文《美在不期而遇》。

这道题题干里有两个要点，一个是“美”，一个是“不期而遇”。

这道题怎么写出新意，不用多说了，当然还是前几章的老方法。大家都知道要写出真情，所以一定要找到真正打动自己的美丽的那一点。这一点，一定是每次回忆起来，嘴角都会不自主地上扬的点。

当然，有一点大家一定要注意，题干中“不期而遇”这四个字，一定要交代清晰，这里面，一定要有“意外”的发现。

所以，读到此页的同学，请你想一想，生命中哪些不期而遇的美，让你至今还难以忘怀？

同题异构

美在不期而遇

邓博文

夜色哺乳着那被月光朦胧了的大地，而那波澜起伏的湖面也充斥着亮银色的波浪，像是波神在指挥着湖水与夜色共舞。那栋高塔依旧稳稳地坐在永不会衰老的青山对面，像一尊佛。

而我与这岳阳楼的邂逅，正是由于一次意外。

那一天，我与父亲在洞庭湖上颠簸地坐着船——一艘正驶向长沙的船。船舱外寒风凛凛，湖上波浪滔天像是一头蓄势待发的猛兽向我们冲来。而我在船舱里东倒西歪，闭着眼睛，有一种想要吐的感觉。“怎么还没到呀，我实在……是……太难受了！”突然一则广播响了起来“全体乘客请注意，因洞庭湖浪太大，我们将在岳阳楼停船，请谅解。”我的头刹那间转向窗外，那远处的地方应该就是停船点吧，可……那或许只是一个小小的码头吧。

下了船，顷刻间感觉空气爽朗了许多，只不过看着眼前的道路依旧是颠簸的。“咱去岳阳楼看看吧。”父亲对我说。我点了点头，背着一个疲惫的书包吃力地向上爬去。到了塔顶，望着远处的湖面，我惊叹不已——脚下的滔天巨浪怒吼着，在湖中奔腾有着不可招架之势。不知哪里传来了箫与笙的合唱，张孝祥说“水晶宫里奏霓裳”，果然不错。望着洞庭湖上一浪高过一浪的波峰，我突然感觉当年黄庭坚说这波峰就像湘水女神头上梳着的十二个发髻。他写得好形象，好美呀！没想到小时候认为背黄庭坚的诗是负担，今天在眼前却看见了诗里的景象。天边的夕阳映衬着远处的君山，为它勾勒出了一圈金色的边缘。我突然感觉很幸运，如果没有这次洞庭湖的滔天波浪，如果没有我们被迫停在岳阳楼，如果我们没有走到岳阳楼上，如果没有看见岳阳楼下汹涌的波涛，那我怎么体会出黄庭坚当年诗中写出的这种美丽！一切都是那么偶然，又那么美丽！我好兴奋，兴奋于这不期而遇的美景。

第二天清晨的洞庭湖风平浪静，我突然想起欧阳修描写的句子——无风水面琉璃滑。欧阳修当年写的是颍州的西湖，没有想到洞庭湖在没有风时也是如此——水面像琉璃一样平滑。我们坐上船，重新向长沙进发。我不觉得船在移动，我看向船外。咦？湖面其它地方都很平静，只有我们船驶过的地方动起了涟漪。船突然从岸边离去，一声汽笛便把地上的沙禽全部惊起。沙禽原本在岸上是一群白白的点，它们突然飞起贴着湖面步调整齐地飞翔，这就是所谓的“惊起沙禽掠岸飞”吧。

本是一次被意外的风浪延误的旅程，却邂逅了这么多不期而遇的美景，唤醒了藏在心底的诗句，这些诗句就像老朋友，以这种方式相遇，既意外又兴奋！

那就继续欣赏这不期而遇的美景，坐在船上望着云雾中的岳阳楼与洞庭湖，直到它慢慢地消失在我的视野中，渐行渐远渐无踪……

【点评】

作文开头的描写画面感十足，牢牢地吸引住了读者的注意。“而我与这岳阳楼的邂逅，正是由于一次意外”，作者就此引出自己与美不期而遇的经历。湖中央翻滚起滔天巨浪，让“我”想起曾经背诵的描绘同样场景的诗句。“天边的夕阳映衬着远处的君山，为它勾勒出了一圈金色的边缘。”文字的美变成了肉眼可见的自然美景，这是“我”过去没有预想过的。通过这次经历，“我”对自己曾经的积累有了全新的认识，发现了原来不曾留意的美，同时呼应了题目的“不期而遇”。

美在不期而遇

龚让

夜色像被慢慢抽干水分的墨汁，渐渐浓稠起来，城中的灯火一点接一点地熄灭了。黛色的苍穹里，只剩下如水般温柔的月色。这月色，斜斜地穿过每一个人的书房的窗户，照在书案上，为夜晚添一分不期而遇的美。

我常常会盯着这不期而遇的月色出神，因为她总能让我回想起一幕幕不期而遇的美丽。

隐隐笙歌处处随

那个暑假，正值G20峰会，杭州热闹非凡。趁此机会，我和一个朋友一起来到杭州游玩。杭州七月的傍晚是闷热的。漫步在西湖堤岸，伸出手，甚至可以舀起西湖凉凉的水。这大概是与西湖最“亲密”的接触了吧。游人来来往往，好不热闹。但我总感觉差了点什么。对了，西湖应该是“人影散乱”的才对啊！我想把自己的想法告诉我的朋友，刚说一个字，就被他打断——“你有没有听到乐器的声音？”我侧耳细听，果真隐隐约约听到了不知是哪个方向传来的吹奏之声。

我突然想起了曾经背诵过的欧阳修的“隐隐笙歌处处随”。当时老师说这句诗很重要，要求我们掌握。我费了九牛二虎之力才背下来，终于在考试时忘记了。但那一刻，我的脑中居然浮现出了这句诗的翻译。笛萧的乐声撑着湖边流动的清风，拂过我的脸颊，钻入我的耳蜗。我顿时觉得这个画面好美，有些失了神。“西湖还是漂亮的呀。”他笑着对我说，熟悉的声音让我瞬间回了神。游人是否吵闹喧哗已不重要，重要的是这是不期而遇的美。

重游邂逅石鼓文

上了初中，突然爱上了青铜器。恰逢假期，我便自己坐火车去了宝鸡，打算见识一下这个中国的第一个青铜器主题博物馆，看完就回。意料之外的是，我看完展览当天晚上一发朋友圈，同学看我发的青铜鼎、青铜簋、青铜盘、青铜觚、青铜觥……就希望我能帮他带些文创纪念品回去。于是，第二天早上，我又站在了博物馆门口。

刚踏进博物馆大门，我就又想进展厅了——来都来了，有什么理由不再看一遍呢？我迅速挑选了几款文创产品，然后就又一次进入展厅。

如你所想到的，我把展厅里的青铜器又学习了一遍。

但我万万没想到的是，我居然看到了石鼓！没错，就是诞生于春秋时期的秦国的那十个名扬天下的石鼓。一问工作人员，才知道，这十个石鼓在外巡展归来，今天刚回来！

我敢说，你是想象不到我当时有多感激那位托我带文创纪念品的同学的！

因为买文创纪念品重回展厅，我居然遇见了国宝石鼓！我终于亲眼看到那上面的石鼓文了！

“吾车既工，吾马既同。吾车既好，吾马既阜……”

以前都只是在拓片上欣赏，今天看到的是真品，两千多年前的文字，太美了！因为学过一些古文字的知识，我能认出其中的部分，这更让我兴奋！最让我兴奋的，是这不期而遇的美！

风儿吹进一片落叶，我想：这是今晚的最后一片落叶吗？这叶片落在书案上的月光里，如此美丽。但我知道我不可以再欣赏这片落叶了，我要做作业了，不仅是因为明天要交，更是因为，或许在作业中，也能邂逅不期而遇的美丽！

【点评】

在杭州西湖的游客一向很多，又碰上G20峰会的暑假，其实可以想象，当时的西湖一定是闷热拥挤的。所以在作者的印象中，西湖也被贴上了“人影散乱”的标签。但这一次，“我漫步在西湖堤岸，伸出手，甚至可以舀起西湖凉凉的水”，这一画面极具美感，是尘世生活中的情调和诗意。第二个片段，作者把美的范围扩大化，着眼于在国博意外发现的独具匠心的文物，精美的制作工艺、厚重的历史内涵，体现人文价值的艺术品也是一种美。

美在不期而遇

陆樵雅

“天山雪云常不开，千峰万岭雪崔嵬。”初读岑参的诗句，我感受到了新疆的磅礴大气与苍凉辽阔。以前总是听别人说新疆很美，今天我和朋友到了这里，发现新疆比他们说的、比我想象中的都更美。

那拉提草原，开满了五颜六色的野花，到处翠色欲滴，轻轻流入云际。成群的骏马，从草原上飞驰而过，奔向远方的雪山。在赛里木湖，我真正体会到了水天一色，湖水是那么蓝，天空是那么晴朗，仿佛进入了梦幻的天堂，不愧为“大西洋的最后一滴眼泪”啊！新疆最漂亮的地方都去了，我心满意足。

傍晚，我们住在了喀纳斯湖湖畔的白巴哈村。白巴哈村坐落在一条沟谷之中,建立在两条小溪的狭长台地上，依山傍水而立，两侧都是巍峨壮美的高山，还有白桦树林，风吹过，树叶哗哗作响，飘落，像一幅美丽的油画。

晚上，我们去参加篝火晚会，一路上我和朋友有说有笑，丝毫没有在意身边的美景。却不曾想到，我会邂逅那终生难忘的美丽。

晚会开始，大家围着中间的篝火唱歌、跳舞，火光映照在每个人脸上，忽明忽暗。我望着那零零星星的火苗，目光渐渐升高，看见了那一望无际的苍穹，那是……星星！好多星星！ 是在城市里难得一见的，仅在课本里读到过的星河，我第一次亲眼目睹如此美丽的星河。

墨蓝色的天空，在星星的衬托下，如宝石晶莹透亮。繁星点点，若隐若现，相交成辉，好像在窃窃私语。夜空中间，有一条明亮的、透明的带子——银河！银河像一条巨龙，横跨在繁星密布的深色夜空，显得那么壮丽又神秘。一颗流星划过，拖着长尾巴似的蓝色磷光，划破黑夜的长空。那最明亮的北极星，如宝石般璀璨，还有很多星座，大熊星座、小熊星座、仙女座……

我扭头看朋友，她出神地望着星空，眼睛里星星点点，似乎陶醉了。“天阶夜色凉如水，坐看牵牛织女星”，杜牧当年一定也是此番心境吧。

很多年过去了，每当我回忆起那次新疆之行，脑海中浮现的总是那浩瀚的星空。本是去新疆看我期待中的壮美山河策马奔腾，没想到却看到了意料之外的，我不曾期待的美。

【点评】

新疆是一个聚集着优美自然风光的地方。天空辽远，草原无垠，湖水清澈，每个去过那里旅游的客人，都会被那里的美景震撼，“我”也是如此。新疆太过广袤，隐藏着很多我们不曾预料的美丽。“我”原本以为新疆最漂亮的地方都去了，心满意足。却在一场篝火晚会中，意外邂逅美丽的星空，“银河像一条巨龙，横跨在繁星密布的深色夜空，显得那么壮丽又神秘。一颗流星划过，拖着长尾巴似的蓝色磷光，划破黑夜的长空。”这一次不期而遇的美景反而烙刻成为“我”心中难以磨灭的回忆。

第六章　不一样的学习

别裁旁通

本章的异构母题《不一样的学习》是一个传统的题目。

这一道题，看似简单，但要写好真的非常难。单纯写学习，不容易出彩，于是，如果要写学习，是否能把见证者换成学习中的某个物体？是否能发现，某一刻，自己突然开始思考一些以前没有思考过的问题了？是否能发现，大量网课的出现，省了路上的时间，节奏似乎没有以前那么快了，慢下来的自己，是否关注到了一些平时没有关注到的“人间烟火味”，是否在学习文化知识之外，有了新的收获……

这样的思考，有助于我们从简单的“学习”选材中超脱出来，发现作为学生的我们，不是只有“学习课内知识”这类素材可以写的！

同题异构

不一样的学习

郭诗涵

一盏台灯在一张略有些脏乱的书桌上投下一束淡黄幽光，一台不停发声的iPad映着几张有些苍白的纸张，一个倚在胳膊上的脑袋时抬时放，一支清供的小花散发着清香。

我是他的iPad。

从我主人的样子来看，我且告诫你：你以为每天早出晚归，打车坐公交上学最累吗？不，你且记着，被困于书桌前对着iPad学习最累。

我来他们家已有了数十年的光阴，最近是我和小主人最长的一次相伴时间。每天初升的红日刚刚将光芒钻进窗帘里，小主人就匆忙起身。脸未洗，头未梳，牙未刷，就一身睡衣，一屁股坐在椅子上，签到、打卡，在我身上一阵风卷残云般地乱按才算满意结束。一番兵荒马乱之后，小主人迎来了新的一天网课学习。

上课的时间算是最难熬的。

老僧入定般的分针和时针在表盘上几乎一动不动，焊在书桌前的小主人昏昏欲睡。我身上的App忠实地播着网课，对面的小主人认真地打着盹。看着他疲惫的睡颜，我心中既心疼又隐隐有些怒意，距离中考百日不到，你凭什么不好好学习呢？我焦急地想要呐喊，但身为一台机器又有谁听得见呢！可是一节课后，事情好像有了转机。学校的老师好像听到了我的诉说，将一首小诗通过我让小主人朗诵。

“今夜，我们前行。奔赴战场，只为那些期待的眼神。我们砥砺向前，只为让盯着屏幕的你可以早日回到课堂。”

我清晰地发现小主人的眼眶微微发红，这一行诗深深地刻在了他的大脑皮层上，难以磨灭。

自那一刻起，一切都变了，但一切又没变。

还是一盏老灯，一个书桌，一台iPad，一个学生。但台灯明亮，书桌整齐，iPad上的网课里老师侃侃而谈，书桌前的学生奋笔疾书。

学习方式改变了，但不变的是一颗对学习充满热爱的心灵。

不一样的学习改变了他，他也改变了不一样的学习。

【点评】

“一盏台灯在一张略有些脏乱的书桌上投下一束淡黄幽光，一台不停发声的iPad映着几张有些苍白的纸张，一个倚在胳膊上的脑袋时抬时放，一支清供的小花散发着清香。”开篇先声夺人，由物体的特点暗示其主人慵懒、困倦的状态。再往下读，我们才发现，文章的写作视角竟然是一台上网课使用的ipad，令人惊奇！“还是一盏老灯，一个书桌，一台iPad，一个学生。”而结尾的反复，既呼应了开头的描写，同时形成鲜明的对比，告诉读者：对于小主人来说，不一样的学习除了是上课工具的不同，更体现在他变得懂事了，收获了心灵的成长。

不一样的学习

曹京督

以梦为马，杨花也能飘到天涯。不负韶华，烛影也能耀如烟花！

——灯前雨

伴随着中考倒计时的嘀嗒声，学校各个微信群里确定了延迟开学的消息，迎接我们的将是不一样的学习。

那天之前的我，即使早已想明白为什么学习，也根本不可能坐在书桌前，真正去投入；根本不可能做到放下手机看毫无用处的内容；根本不可能在中上游的成绩上拼搏到卓越。我，想要不一样的学习。

凌晨四点，在这个无比熟悉的时间，那个叫科比的人驾鹤西去。短暂的悲伤过后，起身望着北京，我想着：他，究竟留给了我们什么。不是五个冠军奖杯，不是紫金王朝，而是那最最不一样的曼巴精神——投入与拼搏！

投　入

我开始尝试不一样的学习，手机放在一边，试着投入。当然，故事不是虚假的。不可能瞬时开窍，马上变得不一样。一天里，我有无数次地想拿起手机“休息”一下，尽管这一“休息”就是几个小时起步。

但不知是不是他的意思，我的脑子里出现了那个熟悉又陌生的画面。他一个人，伴着费城凌晨四点的灯光，投入着。

此刻，我对曼巴精神有了不一样的领悟——深度投入。片刻走动之后，我安静地坐了下来，做我觉得最枯燥的数学题。学习不一样了，那天，我对那道几何综合题有了不一样的论证法。后面的各科学习，我也真正地投入。

充实的一天过去，这是我第一次完成自己制定的计划，除诗词外第一次投入书本，第一次用行动诠释了曼巴精神的代名词之一——投入。

第二天，学校的直播课上我分享了自己的论证法，体验到了投入的快乐。

我，有了不一样的学习与快乐！

拼　搏

投入就是拼搏的开始。除了每周六上午四个小时的放松，我在网课、做题、对改中体验到了不一样的快乐！

本周除了完成每天的基本任务，我第一次按规定时间进行了各科一模自考。

字里行间会记录我的投入，那盏台灯会记录我的拼搏。

对完答案有欣喜，也有沮丧，但高效的一天天没有辜负春光，更让我有了拼搏的快乐。

我，有了不一样的学习与快乐。

这投入与拼搏造就的不一样的学习，让我对那个凌晨四点的画面不再陌生，我的学习也不仅仅局限于书本。而是更让我珍惜现在，珍惜现在可以投入拼搏青春时光，珍惜白衣天使拼尽全力守护着我们来之不易的健康。

也许，不，是一定！“黑曼巴”现在正是夜空中撒下的光芒，给这世界希望，守护着这凡世的宝藏，让以“投入”“拼搏”为代名词的曼巴精神引领我们的青春启航！

不一样的学习终究会让我们如烟花般绽放！

【点评】

科比的离世让很多喜爱他的球迷觉得难以置信，所以大量文章中都出现了篮球的踪迹，以此表示致敬。科比曾用五个词语解释曼巴精神：热情、执着、严厉、回击、无惧。这些信条适用于各行各业对待工作和学习的态度。“故事不是虚假的。不可能瞬时开窍，马上变得不一样。”进步和提高从来就不是一蹴而就的事情，但很多学生都习惯说一些言不由衷的假话，但这篇文章可谓是真实地记录了学习的心路历程，实在难能可贵。结尾三段押韵，可见作者的巧妙构思。

不一样的学习

张嘉宸

灰白的阳光从窗帘的缝隙中钻过，藏匿在电脑屏幕发出的光里，已无法分清。屏幕里课件咔嗒被点击着，是我的手在敲击着鼠标。

上网课一个月了，天空也阴沉了一个月。这种课堂简直不能再适合我——在班里素有“学习机器”之称的人。想着可笑的绰号，眼神汇聚在远处，学校暗红的操场像一锅罗宋汤盛在四面灰色的教学楼中。来不及回忆太久，就要赶紧投入到学习中了。

我一边把笔记粘贴下来，一边感叹在家学习没什么不一样——这样的课间是我最喜欢的，挤出时间复习一道题目，更没有同学来扰乱我的计划。

这样，一整天焊死在座椅上，从宁静安逸渐渐变成了烦闷焦躁。窗口外边鸽子扇动翅膀成群结队地扑棱扑棱，比学校里的嘈杂声响更具频率，像某种特殊的电波把我的每一个细胞渲染成寂寞。

“噔噔”，一条消息划破寂寥，神经末梢轻轻地颤动一下，我赶紧“咔嗒”点开。

“小Z，我有道题不会，你给我讲讲呗！”后面是一个“跪求”的表情。

果不其然，我的学习计划被打乱了。就像在学校一样，我准备把解析拍给他，又是“噔噔”声——

“哈哈，知道你学习着呢……不过笔记粘贴很快的，就是想让你这个学习机器保修一下！”

空了一会，接上“比心”的表情。

电脑里的小人把红色的小爱心推给我，一直推到我的瞳孔深处，我突然感到，我特别想给她一字一句地把这道题讲好，想面对面认认真真讲好。

把碎片时间都用来读几个熟悉得不能再熟悉的文字，原来就是我一直在做的事，我把这称之为不遗余力地努力学习。难道学习是拒绝给予同学帮助？难道学习是埋头苦干不问世事？难道学习是成为一个冷冰冰的机器？

学校里，我们有一样的学习——学习教科书上的内容和考试的重点；我们也有不一样的学习——感受与朋友聊天玩闹的美好和阳光照射的温暖。这是属于青春的学习，是生活这份试卷不言而喻的重点考点。

我沉默了很久，回了一个“比心”，再想输入什么时，下一节课上课了。

呆呆地看着屏幕里轮换上台的同学关闭着摄像头，还在想我的初中生活还能增添些什么，哪些不一样的学习还没尽兴时，成长的下一节课就要打响上课铃。

至少把课件分配给不一样的学习内容吧！鸽子飞往学校的方向，我也想回到“罗宋汤”操场上好好地和同学跑跑步，晒晒太阳……

【点评】

“灰白的阳光从窗帘的缝隙中钻过，藏匿在电脑屏幕发出的光里。”搭配上阴沉的天空，开头就点明了学生白天打开电脑上网课的常态，世界的各种色彩都是灰白单调的，渲染了一种压抑的氛围。作者称自己是“学习机器”，最初感慨在家学习没有了无谓的打扰，学习效率反而更高了。但后来发现，周围没有了同学的陪伴，独自封闭学习却让自己“与世隔绝”，活成了一座孤岛。那学习的意义究竟是什么呢？除了获取知识，更是学习与人相处交流，更好地融入集体，这些都是学习知识以外的意义。

不一样的学习

朱禹萱

“从来如此，便对吗？”

——题记

父亲对他虽严苛，却也是爱他在细节之处。可父亲病重之时，一位又一位的“名医”为其诊病，一位又一位的奇怪药引，一次比一次昂贵的费用，最终换来的，是什么？是父亲的离世和他想要学医的决心。

1902年，他离开了生活几十年的中国——这个已经逐渐千疮百孔的中国，赴日本仙台学医，他想借此来挽救“愚弱国民”的性命，他想走“科学救国”的道路。

在日本，他学习的是已经近乎完备的西医体系，他学习临床，学习解剖，学习如何使用正确的药，用正确的方法做到“药到病除”，做到为了救人而去救人。他以为学医可以救中国人，可是当他看到中国人即将被砍头而围观的同胞却无动于衷的时候，他意识到他错了。中国人的病不在于身，而在于心，在于思想。他放弃了学医，他放弃了用这种方法救人，而他选择了一种更需要勇气，更需要坚毅的方法来拯救被困在“铁屋子”中的国人。

他又开始了更不一样的学习。

“凡是愚弱的国民，即使体格如何健全，也只能做毫无意义的示众材料和看客，病死多少都是不必以为不幸的。”他回到了中国，他选择学习用中国话去挽救愚昧的人，去唤醒沉稳的时代。

他学习以笔为剑，写下了震惊一时的《狂人日记》，他想用笔来捅碎封建礼教对人的禁锢，他用文章来告诉“狂人”们和“吃人者”，住手吧，再如此便有越来越多被毒害、吃掉的人们。他以笔为刃，用《药》来讽刺只知吃“人血馒头”的无情的看客们，他想借此唤醒一些还有良知的人，去怀着感激地对待为了大家谋生机的革命者们。他以笔为剑，一篇《阿Q正传》，一个“大团圆”，隐藏了多少社会问题——阶级、女人地位、虚荣……又蕴含了他多少道不尽的悲痛之情。

先生终其一生想要唤醒人们，想要打破铁屋子的囚禁。先生是“民族魂”！

他学习了他国的科学、文化、思想，他跳脱出了当时的社会风气，才能让他在几件事之后看到了国民现状，才让他能回国，用文艺唤醒人们的思想。

从来如此，也不一定对，跳离事物才能看清其本质。不一样的学习，让周树人能用他的方式，去“为天地立心，为生民立命，为往圣继绝学，为万世开太平”。这是周树人终其一生所奔赴的，也应是代代所追求的。

【点评】

本文的题记“从来如此，便对吗”下笔不凡。一句话，就让我们感受到“不一样”了。在中国人学医都是学中医的年代，鲁迅开始了他“不一样的学习”，他学西医；在大家都试图治“身”的时候，鲁迅又开始了他“不一样的学习”，他学习“以笔为剑”治“心”。

其实本书作为一本讨论写作学习的书，也有它“不一样”的地方，不知同学们有没有察觉到呢？

不一样的学习

柴美多

这个寒假，有些刺激，有些紧张。

我是个十足的“键盘侠”，平日里不怎么说话的我，给人一种“娴静的小淑女”的错误印象。但只要有了电脑，我就有了我的秘密武器，话语就如同横生的藤蔓，以每分钟200字的速度蔓延开来。键盘在手，耳畔噼里啪啦的清脆声响，春节没有鞭炮的寂静夜空……恍如隔世。

开学，一定是难以想象的悲剧。敲着键盘发着弹幕的学习生活，我早已习以为常。做测试或是作业，只要复制粘贴，就可以得到标准的解答步骤。抄上去，满分。再写些评价课程的溢美之词，发送上去，一天的任务就这样结束了。2倍速快进的课程里，老师的声音越来越远，越来越淡……

我睡着了。

开着电脑，五个没吃没喝没听课的小时已经过去。任由老师自说自话，全然不再理会。随即翻开最爱的杂志，耳边的嘈杂被“一键静音”，吃着自己第一次烤并烤得焦黑的不能称之为饼干的曲奇，午后咖啡的香气萦绕心头。春光浓浓的下午，阳光正好。心底浅浅一笑，暗自得意在这“不一样的学习”中舒坦地夹缝生存。

第一次体会到了一种别样的逍遥——约束中的放肆。忽然明白邵雍蜗居“安乐窝”放弃尘世的原因——那是摆脱世事的羁绊，体验真正的闯荡啊！身虽寓居在人生的小小棚屋，心却已经游遍了海角天涯——心是无畏的，我有一颗勇敢的心……

放肆过后的不安，也是在所难免的。毕竟还是在学习，做得是有些过火。对不住家人，对不住自己。我忏悔，为自己的举动而感到羞愧。这种情感，在一点一滴吞噬着我的放肆闯荡。为身不由己而感到悲悯，为世态炎凉而感到无心。以前的我，会为崇高的情感而热泪盈眶；现在的我，却似长满了硬刺的冷血动物，令人发指。

我反省自己。骨子里流的是热腾腾的炎黄子孙血，而现在胸膛里跳的是一颗不思进取的心！我没有理由不忏悔，没有理由不认真地对待学习生活。

这也是这段日子带给我最大的收获。

“忽魂悸以魄动，恍惊起而长嗟。”长梦惊醒，一声慨叹。这段时光，我多想是我的也是全世界的一场梦境。过去了，每人却都留下了些什么不可磨灭的印记。

这个寒假，我在“不一样的学习”中，学习到了不一样的事情。

【点评】

没有了老师的管束，没有了同学的陪伴，独自在家学习特别考验一个人的自制力。就像作者所说的，暗自得意在这“不一样的学习”中舒坦地夹缝生存。在约束中有放肆，放肆后也有不安，充分显示了自己在学习过程中的挣扎心态。至于文中提到的邵雍在洛阳隐居的一处住宅——安乐窝，正代表着“我”内心慵懒恬静的生活状态，有诗为证：“半记不记梦觉后，似愁无愁情倦时。拥衾侧卧未忺起，帘外落共撩乱飞。”后文运用对比，告诫自己要在这次不一样的学习中摆正心态，重新回归生活的正轨。

第七章　难得这样

别裁旁通

本章的异构母题是一道全命题作文：《难得这样》。

遇到这种题目，很多同学会发现，越想越不会写。初看挺简单的，仔细一想，难得这样的“这样”，是好事还是坏事呢？如果是坏事，不值得歌颂啊！如果是好事，居然是“难得”，这是不是有点尴尬呢？

如何解开这个困局？

这是一个意识问题！

大部分同学遇到作文题，第一反应都是写自己，在自己身上拼命想故事。结果是，不容易想出有新意的故事！因为一个人的经历毕竟是有限的。

但是，如果把眼界往外看呢？为什么故事中心一定要是自己呢？为什么故事中心一定要是身边的人物呢？为什么故事中心的人物一定要是真实的呢？为什么不可以写成小说形式呢？难道每道作文题都要求一定要写“亲身经历”吗？

同学们，思路是不是一下子宽阔了？

如果，你有话想说，看例文前，请先开始你自己的写作表演吧！

同题异构

难得这样

柏雨森

她从门口悄悄进来，眼眶红红的，哀求着问你：

“难得今天花儿都开了，不如我推着你去走走？”

你突然闻到了一股自己很久未曾感受到的桃红色的香甜，使劲拿手蹭了蹭鼻子，思索恍惚了片刻。像是在梦中看见幻影一样，你魔怔般地开始捶打自己的两条可恨的腿：

“我都残废了！还难得个什么花开！还活个什么劲！”

她扑过来抓住你的手，死命护住你痛恨的两条腿，脸上苦涩的皱纹凝在一起，她悲愁又近乎悲戚的声音在仿佛十万里外的地方响起。

“儿啊……我们都要好好活……难得有这样的风景，妈舍不得你这样……”

她的声音泛起了回声，但你什么也听不见，像是活在一个黑暗的小屋，见不得外面难得的好风景。

后来有一天，她又敲门进来，你正静静地听着窗户外叶子的“唰唰啦啦”声。阳光照在你脸上有些刺眼。她憔悴蜡黄的脸上显现出央求的神色。她有些小心地探探身，嗓音有些暗哑：

“难得秋天北海的花都开了，我推着你去看看吧。”

沙哑的声音在你耳边萦绕，陡然扣动了你的心弦。

这声音让你意识到你的悲哀对自己所爱之人的伤害，你对生存甚至美好、完整的人生的渴望就像是赤裸的肌肤，纯粹地怀念过去，你却求之不得，哀痛至极。

于是你让她推着你走出了这间杂乱、光线暗淡的小屋。你暴露在了光芒之下，但好像也并不刺目。

难得这般好风景，你和她到了北海看花，你让轮椅徒然地载着你的身躯奔驰。

遍地盛开着姹紫嫣红的花，黄色的花淡雅，白色的花高洁，紫红色的花热烈而深沉，泼泼洒洒，秋风中正开得烂漫，像倾斜在山上的秋阳一般闪烁。秋虫也在白天不停地啁啾啼叫。

你看呆了。这仿佛在夕阳映照的镜面，或是梦境里见到的难得景色给你如今灰白的生活添上了几笔彩色。你又回头看了一眼她。

难得这般风景，她脸上像是回光返照，皱纹消失成了时间的痕迹，脸上撩起微笑，她正在享受着这股难得的生命的气息，而不同于在屋里的压抑而充斥着悲哀的感受。

轮椅不再只是一个工具，它承载着你的灵魂，承载着她的母爱。

这般难得的景色也不只是北海里的一处美景，不再是一处梦境，她教会你感恩并接受苦难，拯救你所伤害的却以更多的爱偿还于你。

腿不能走了，心还可以飞翔，这难得的出行，孕育了将来一个飞翔的名字：史铁生。

【点评】

读罢全文，我们可以很明显地感受到，本文的写作灵感来自初中的课文《秋天的怀念》。全篇以第二人称的角度进行叙述，便于抒情，开头不直接点明主人公的身份，埋下伏笔。“你突然闻到了一股自己很久未曾感受到的桃红色的香甜”，与宗璞《紫藤萝瀑布》“香气似乎也是浅紫色的，梦幻一般轻轻地笼罩着我”一句有异曲同工之妙。母亲的苦口央求终于换来了双腿瘫痪的儿子外出散心的勉强默许，美景难得，母爱更难得。结尾揭晓史铁生的名字，向读者宣布这是他写作生涯的全新起点，留给大家无限的想象空间。

难得这样

唐若欣

几缕阳光从白云缝隙间偷溜出来，落得满地碎金，为沈园中甜蜜伴侣增一抹色彩。又一双男女走来，却瞧得好生别扭，天公不喜，收了碎金，不让那难得的一分阳光泄露出来。

那一双别扭男女，自然是声名满城的赵士程和唐婉了。一个转角，唐婉便不知踪影，赵士程竟溜到我身后，直勾勾地盯着道旁的凉亭，只露出难得一见的怯懦模样。凉亭中有一双男女，郎才女貌，正是那唐婉和陆游。若有有心人，定会瞧见这样一幅景观：一对怨侣在互诉衷肠，石头后面有一男子偷窥。竟道不得是荒唐，或是辛酸。

天公也好这样的苦情戏，眼泪也掉了。雨珠朦胧了赵士程的视线，模糊了他的神经。外人眼中一向稳重自持的他，竟难得这样落寞地喝上几口闷酒，麻痹自己，幼稚地认为唐婉爱的是他。大抵是醉了，他俨然把我当作兄弟，时不时向我身上倒上几口酒，酒很辣，很酸，同他此刻的心情一样。可怜天下痴情人呐!

天公总是无情的，不过是我非议了几句，便一道天雷将我劈成两半。酒没用，淹不了清醒。这雷不仅劈开了我，更劈开了现实，劈开了赵士程的幻想，劈开了唐婉爱他的谎言。他早就是明白的吧，从唐婉听到陆游时的眼神，相见时的手足无措的模样，都在刺痛着他的心，一步步逼着他掉进现实的深渊。

以指为笔，以酒为墨，以地为纸。赵士程在我身旁写下“魂断”二字，摇晃着离开了。翌日，地面上的水渍已无影无踪，但昨日他写的那二字却在土地上留了痕，只是那“魂”字不大真切，只看得“云”。那游园的人们以为这样的神迹实在难得，便以“云断”作为我的名字，还刻在了我的身上。殊不知，那只是一个失意人满腔的苦闷。

我再也没有见过赵士程了。

又一年春，唐婉随着遍地桃花逝去的消息裹在风中刮进沈园时，我又一次见到了他。

时光在他身上留下了太多痕迹，鬓角贪玩的白发也溜了出来。仍提一壶酒，在我身旁坐下。这样难得的亲近，让我的记忆仿佛和以前重叠起来。他把第一口酒尽数倒在我身上，酒很涩，很苦，就像凄惨的他。赵士程自己闷了一口酒。“婉儿已走，父母有兄长照料，我已了无牵挂。我赵家儿郎，堂堂郡王，应当奔赴战场，为国家效力！”又一仰脖，大半壶酒入肚。酒壶中最后一口酒亦倒在了我身上，酒很烈，很烫，就像他那颗火热的心。

赵士程果然去边塞了。往后，我也只能从游园女子谈论的八卦中探得些他的消息。终生未娶，戍守边疆，终牺牲在战场之上。

难得这样，像赵士程这般的痴情人，世间已无多见。

【点评】

“我”是沈园中的一块断云石，见证了那个曾令无数男女为之唏嘘的爱情悲剧。陆游和唐婉之间相爱不得相守，后人在歌颂这场跨越半个世纪的悼念时，却鲜少关注那个也参与其中纠葛的男子——赵士程。像极了一句歌词：“明明是三个人的电影，我却始终不能有姓名。”不为人知的是，赵士程出身宗室，婚后面对陆唐二人的再次相遇，只是默默退下，表示出诚挚的同情和谅解，其洒脱风度令人赞叹。“每个人可能都是别人人生的配角，却必定是自己人生的主角。”想来，这就是作者将笔墨聚焦在赵士程身上的原因吧。

难得这样

陈一诺

天光黯淡，滂沱的雨水铺天盖地般地倒了下来，在地面的低洼处越漫越高，树叶从枝头上被硬生生地打下来，漂浮在水面上。真是难得这样下大雨，我静静地坐在桌前，听着头顶轰隆的雷声，握着砂纸开始磨那块打了蜡的青田石……

第一次接触篆刻时，我就因为嫌麻烦，成了反面教材："这位同学犯了非常愚蠢的错误，她忘记把打稿的印谱纸翻面了，那刻出来的章就是反的啊！""啊对啊，我怎么能犯这么粗心的错误呢！"没想到还没完。"另外，刻章的时候第一遍用铅笔是打草稿，第二遍的红笔是对照字典修改完善字的结构，黑笔是……这位同学，我等着你刻好的章啊。"

我只好默默地按照老师的方式打稿开始刻，老师做示范只用了十五分钟，我竟然足足花了四个多小时。就这样，两个字还有十多个跑刀的地方，第一次写篆书的我对字的结构掌握也不到位，刻出的字头重脚轻，已经认不出来是什么了……

作为老师的重点关注对象，我接下来的几节课过得非常不好受：对于一个没有印床又静不下心的初学者来说，操刀过急简直是家常便饭，稍一浮躁就一下刻到了尽头……

有一节课难得刻得还不错，我赶紧拿去给老师，没想到他说："这位同学一看就是运刀的度基本掌握了，但仔细看刀刻出的痕迹，她每一刀下去的深浅都不一样，章的表面就像一条条臭水沟，虽然盖出来不会受影响，但要知道，篆刻之道，虽形在方寸，却贵在'纳须弥于芥子'，失平直则易失古质，仅存平直则易失生动，一味求平直中的变化，又难以浑然天成……"我看着这个章，确实流露出一丝丝轻浮和急功近利，我是不是只在意印出来的效果了？

我开始把关注点放在刀尖上，想着老师的"用刀要拙，用锋宜锐"，慢慢地竟真能刻出个像样的作品来。难得这样安静地坐下来，长时间做同一件事，我总有一种奇妙的感觉，像是在广袤的田野里游走，不见边际，脚下尘土飞扬，雾眼迷离。

仿佛我就是那把凿刻石头的白钢刀，深刻地浸淫到印子的骨髓里。

在老师的建议下，我开始尝试刻白文，这比朱文要多花两三倍的时间，久到坐在一半阳光一半阴影的课桌前，能看到浮动在光线里的粉末，刻白文需要的是内心绝对的安静：稍有不慎一个冲刀，就是前功尽弃，特别考验心态。或许是眼睛已经无比酸痛的缘故，每次刻完的章在我看来都好像汉代那不拘一格、奇妙超逸的将军印，似乎能看到"大风起兮云飞扬"中，逆风拔剑扬戟冲锋陷阵的骠骑将军……

现在，每当拿起刻刀，我的心就能感到难得的宁静、不张扬，仿佛整个世界都在离我远去，只有那方寸篆刻还在眼前，手执刻刀，笔笔惊风雨，似乎能透过刀锋把书卷气熔铸于青石之中，隐约沟通天地。篆刻对于我虽不是人生的主线，却也已经成为我生活的一部分了，我十分享受内心这样难得的宁静。随着我的了解愈加深入，亦愈加感到其内涵的深厚渊博，由此，亦愈加认识到自己学识的浅薄。

雨势未减，连成线的雨滴狠命抽打在窗户上，窗户内，一个泛着红色油光的章被盖了出来……

【点评】

在繁忙的快节奏生活中，偶尔停下来，去寻求心灵深处一份难得的宁静。若是刻印的行家，当看到第一段结尾的"青田石"三字时，大概就能猜到文章的主题了，因为它是中国传统"四大印章石"之一，也是篆刻艺术中应用最广泛的一种印材。再往下读，我们仿佛迈入了新世界的大门：原来刻印时字要反着刻，这样盖出来的章才会是正的；原来简简单单几个字要刻上好几个小时；每一刀的深浅都是值得讲究的学问……在一次次刻印的经历中，"我"学会了审视自己，也明白了脚踏实地的重要性，真是难得的体验。

难得这样

姜沐含

一

黄尘滚滚从天边倒下来，大手一挥模糊了天际，又飘飘洒洒落下，成为无数组成千沟万壑高原的黄土中的一员。

村口几个十几岁的毛孩子，左一跳，右一抓，爬到一块突兀起的石头上，踮起脚，探身抬手，趁着太阳消沉在西山前的几缕残光，想要穿过层层黄雾，捕捉夕阳下理应会出现的队伍。

黑云吞噬霞光前最后的一刻，马队终于出现了。开始只是几个小黑点，从天边阔步走来，迎着斜阳逐渐放大，最后被金光修成了剪影，倒影在沙丘上，斑斑驳驳，模糊成了岁月的片段。铃铛声愈渐清晰，悠悠绵绵仿佛是从历史的深处传来，但站在石头上远眺的顺子已经无暇去听了，撒腿向家里奔去。

“走西口的阿爹回来了——走西口的阿爹回来了——”

老马停在牲口棚里撅着草料，马背上各色的货物卸在院子里，在月光下闪着一丝神秘的光。但这些珍奇玩物都不是顺子关心的，生意上的盈亏他都不关心，也不懂，重要的是阿爹回来了，一家人又可以坐在炕头上吃娘做的馍馍了。难得这样，炕烧得火热，任外边北风吹得窗棂直响，屋里暖烘烘的，团团圆圆的，缩在被窝里听阿爹讲如何智斗强盗，如何在荒原里找水，如何在冰上不让马滑倒……

走西口听起来还离自己很远，只是阿爹口中的故事吧，大概只是个会让家人难得团聚的事情吧。

二

黄沙来了又去，去了又来，马队的铃铛在耳畔响了四次，又淡了四次，一番番春秋冬夏交替间，顺子大了。曾经那个在村口盼阿爹的毛孩子，也被时间托到了走西口的马背上。

他开始和阿爹学各种东西。清晨坐在荒原的草场上，雾霭飘飘荡荡，笼着不愿露面的群山，露水渗进棉鞋，披着棉大衣，学着阿爹的样子一字一顿地记账；晚秋走在结霜的山道上，一步一打滑，十步一摔跤，步步皆万险，一手拽着马缰绳，一手扶着货物，哆哆嗦嗦地在卷石走沙的狂风和万仞拔地起的险山摸索出一条路来；露浓深夜，一盏寂寞的马灯摇摇摆摆，指引着商队在茫茫戈壁上踏碎星辰，跟着父亲，学着一辈辈在马背上传下来的辨认方向的老方法；在熙熙攘攘的异国闹市里，穿梭于一群肤色不同的外国人中间，侧耳留意着那些和童年时母亲的歌谣完全不同的腔调，记下那些蜿蜒到天涯也蜿蜒不到家乡的小巷里的每一家商铺……

顺子仍然不明白年复一年走西口，奔波千里周转货物的意义。他知道走西口做生意才能赚钱养家，但还想知道一点可以让他一辈子走西口的意义。可他也没多少时间去想，父亲已经被岁月夺取了气力，马队的缰绳将要落在他手里，太多要学，太多要记了。日日夜夜宿在戈壁，清风为枕，星辰为毯的日子已经比在炕头上听北风呼啸的日子多了。偶尔停在溪水边，喝一口清水，听两声鸟鸣，欣赏三眼人生的风景，难得这样，停下来，他想。

三

走西口要走了父亲的大半辈子，也要走了他最后的一口气。顺子接过了祖祖辈辈的马缰绳，有了自己的家庭，像当年的父亲一样正式踏上了走西口的一生征途。

斜阳洒在黄土高坡上，像女人用的胭脂，给天空着了色。顺子坐在马背上，颠颠簸簸，难得这样，有时间欣赏欣赏景色。黄沙依旧舞着，斜阳依旧落在西山，他却老了二十岁，童年是那一声声“走西口的阿爹回来了——”时隐时现的回荡在耳边，村子里越来越多的票号证明着时间的流逝，宅子越建越高，乡里人的笑容越来越灿烂，马铃摇了三声，他忽然明白了，走西口的意义是祖祖辈辈的不甘于贫困，试图用一个男子汉的强韧筋骨走出的一条致富道路，是与漫漫黄沙的抗争，是对命运的抗争。

“走西口的阿爹回来了——走西口的阿爹回来了——”

一声声呼唤荡漾在耳边，马队的影子剪在高坡上，像是从岁月里走来。

难得这样，顺子想着。

【点评】

走西口是“中国近代史上著名的五次人口迁徙”事件之一，从明朝中期至民国初年四百余年的历史长河中，无数山西人、陕西人、河北人背井离乡，打通了中原腹地与蒙古草原的经济和文化通道，带动了北部地区的繁荣和发展。在这幅宏大的史诗画卷中，本文着眼于其中的微小个体展开叙事，更显情怀。儿时的顺子等着走西口的阿爹归来，爱听阿爹讲一路上智斗强盗、荒原找水等故事；再大了一些，顺子随父亲外出奔波，像当年的父亲一样，也逐渐扛起了艰苦奋斗的重担，就这样代代相传，绵延不绝。

难得这样

孔馨远

武馆。

少年的拳如飞舞的尖刀，迅如疾风，形如闪电。只见其几个空翻，他便轻易地躲开了从几个刁钻角度射来的箭，闪躲，跳跃。

“砰！”随着一声巨响，沙袋应声落地。一气呵成。

“啪啪啪”，阴影中的老人缓缓鼓掌走出，“好啊，再训练半年，就可以去打八路军了，难得，难得。”少年错落的碎发遮住了眼底的情绪，“主，我先回去休息了。”随即疾步出了馆。

吸一口气，空气难得这般的香甜，只是师傅已经不在了。阳光洒在他的身上，像师傅拥抱他一样，温暖而安心。少年展展臂，看了看远山上的土庙，沿着小路继续向前。

花红柳绿。

“咻”，破风声自身后响起，少年微微侧头，一颗石子贴着脸而去，留下一道浅浅的划痕。

“哟，我当是谁呢，这不是石老头的灵巴狗吗？怎么着，难得石老头死了，又转身冲黑爷百般讨好，黑爷是你这种人能跟的吗！”几个男孩看似随意地散着，却把路堵得水泄不通。为首的少年，面带嘲讽，侧脸的疤痕熠熠地泛着光。像原主一样，如一头恶狼，在黑暗中蠢蠢欲动。

他偏过头，转身打算换一条路。身后的石子如暴雨般地下，不，比暴雨还大。一颗颗石子狠狠地砸在身上，一句句恶语狠狠地砸在心上。真狼狈，是该反抗吗？他自嘲着，却难得地没有回头。

夜晚，他坐在山顶，看着月亮。想起了那些年有师傅陪伴的日子，无忧无虑。看红日初升，其道大光；河出伏流，一泻汪洋。“孩儿，总有一天师傅是要离开你的。不要忘了你的身上烙着中国印，血液里澎湃着中华的声音。”他阖着眼，待了很久很久，不知是在思考还是睡着了。

光阴流转，半年之约很快就到了。黑爷笑着弯着腰把他交给了日本大佐，“爷，这娃好使得很！几年难得培养出一个！”他被扯着带走了，临走之前，他最后眷恋地望了一眼那座土庙，没有太阳，天不晴朗，可土庙却微微地泛着光。心底了然。

又接受了三个月的特训，他被派遣到八路军的总营，将几串手雷引爆。临走前，大佐咧着金牙，重重地拍了他的肩，脖子上金链互相撞击响得刺耳。“难得碰上这样的天才，学得挺快。好好地干，回来，大大的赏！”

十千米，一千米，一百米。“到了，去吧。”十几个日本兵端着枪，扛着刺刀，紧紧地盯着他，锐利的目光似乎要将他刺穿。大佐的车远远地尾随着，冷冷的目光扫着他。

几个兄弟被日本人关在了水牢，家人也被当作了人质。他，别无选择。

尖刀抵着他的肩，微微颤抖的手，点燃了引火线，目光随着微弱的火星慢慢向前。

“走。”一旁的兵不耐烦地踹了他一脚。

真的，就这样了吗？

……

最后一刻，他拽起相连的手雷，猛地向大佐的车扔了过去。

“轰！”漫天的火光，像流星一样耀眼，车翻起的同时，刺刀也刺穿了他的身。

“这样难得的美景啊，多想再看一次啊……吾辈，不愧于中国人。来世还做……”

眼含热泪，缓缓倒下。

巨龙拔天起，欲震世界；吾辈身先死，光耀中华。

【点评】

兄弟被日本人关在了水牢，家人也被当作了人质，一个中国少年被迫沦为棋子，接受日本武士的长期训练，却是为了深入八路军内部，给予保家卫国的同胞以致命一击。“他阖着眼，待了很久很久，不知是在思考还是睡着了。”此刻的少年在想什么呢？是和兄弟打闹玩耍的时光？是家人团聚的温馨时刻？还是在日本兵手下训练的情景？文章没有大量对话和心理活动，却很明显地让人感受到主人公忠孝两难全的复杂心情。“巨龙拔天起，欲震世界；吾辈身先死，光耀中华。”最终，少年还是听从了自己的心，用生命作出了守护国家的选择。

别裁旁通

本章的异构母题是一道半命题作文：《我在________看月亮》。

许多同学看到这种题目，内心是崩溃的。月亮有什么好看的？虽然月相常变，但变化的规律大家都知道的。这可怎么写出新意呢？

同学们，如果这样想，就大错特错啦，本文写作重点可不是描写月亮哦！本文的重点是，看月亮的人的心情！

明白这一点，结合上一章《难得这样》的写作思路，你是不是非常冲动地想拿起笔了？

一定是的！

那就写吧——在看例文之前。

同题异构

我在梧桐树上看月亮

杨逸凡

我的儿时是在外公家度过的，外公家的门前有一棵高大的梧桐树，月光总会透过树叶，斑驳了大地，也斑驳了屋舍的墙壁。

外公是一个幽默的人，我会学外婆也叫他老头子，他总是乐呵呵地弹一下我的脑门。外公当年手脚灵便得很，还会和我在田里玩捉迷藏，但我经常不理会他，独自偷学爬树，因为村里的其他孩子总说树上的景色特别美。

当我长大一些后，我可以爬到树上了，坐在树上看着田里的一切，就能把所有的烦恼抛在脑后。

在抽出的绿芽里听到了万物生长的沙沙声，在温热的微风中尝到了西瓜的甘甜，在麦子的香甜里看到了飘落的叶片，在刺骨的寒风中摸到了翩翩下落的雪花。

一次和老妈吵架后，我躲在梧桐树的庇护里，家人都着急地找我，外公趁其他人不注意，也爬上了树，坐在了我旁边，我俩什么也没说，就这么坐着，看着月亮升起。我记得那晚的天空像蓝莓酸奶一样浓稠，阴暗的身躯模糊了月亮的轮廓，看不到一颗星星。之后的事就记不清了，应该是我睡着了吧。

之后我和外公总是爬到梧桐树上看月亮。

梧桐树黄了又绿，绿了又黄，带走了时光，却给外公带来了一身的病，他再也不能爬树，陪我看月亮了。外婆说他老了都不安分，现在遭报应了。

有一天，上着学的我被告诉有家长要接我出去办事，我没怎么见过的大姨和老妈在车上等我，车里沉默的空气让我十分惊异。“你的外公变成了一颗星星在天空看着我们呢。”我愣住了，感受不到眼眶的滚烫和被痛苦撕裂的内心，眼泪就一直地流，一直地流。

虽然是春天，但好像已经是深秋了。

下车，我一股脑地爬上树，就坐在那里。那个夜晚天空很清澈，月亮是一条弯弯的线，但那旁边有一颗无比闪亮的星星，光芒快要盖过纤细的月亮。我不管，最亮的星星一定是外公，但这么亮，多半是人造卫星吧。我坐在梧桐树上看着月亮，不知外公是否也在天上看着我呢?

“老头子，咱俩再坐在梧桐树上看月亮吧。”

【点评】

文章开篇交代了背景，题目所说的梧桐树，是在乡下外公家的院里种植的，由此开启了故事的序幕。“在抽出的绿芽里听到了万物生长的沙沙声，在温热的微风中尝到了西瓜的甘甜，在麦子的香甜里看到了飘落的叶片，在刺骨的寒风中摸到了翩翩下落的雪花。”这四个分句既富有美感，又巧妙地展现出四季的变换。外公虽然离开了“我”，但那些美好的记忆不会消失，会被“我”永远铭记。结尾一句“老头子，咱俩再坐在梧桐树上看月亮吧”，则是对开头“我会学外婆也叫他老头子”这一伏笔的照应，读来令人鼻头一酸，印象深刻。

我在山谷看月亮

闫语桐

绿色，青翠的绿色，满山的青翠的绿色……

兜里的手机外放着和谐清脆的古筝声，与这片茂密的竹林混到一起，所到之处竟然没有小鸟被惊飞。与我同行的两三个诗友，都同我一样迈着轻快的步伐，踩着脚下湿软的土地，一路走得飞快。

“你们看这个山好不好？我从小就老来这里玩，因为山小，从来就没有什么野兽。我告诉你们，前面有个小山谷，那里的残月是最好看的！”

我抬起头，天色已经渐晚，天边的云都被夕阳烧成了让人觉得烫手的红色。竹子也慢慢变得稀疏，却越来越绿。

“前面那个小桥就是我们今天晚上住的地方，是一个小山洞，别担心，我来过好几次了，里面还有我自己搬过来的小石墩呢！”

太阳慢慢地下到了山的那一边，变成一个小小的淡黄色的温暖的圆。像是手心里刚孵出来的小鸟那样温热，暖人心扉！我们搭起了一个小火堆，吃了一顿简单的晚饭。

终于，主角登场了。

月光清冷，下澈水底，有几条小鱼不紧不慢地从石缝中游过。月亮，她是那样的残缺，像一根细细的金黄色铁丝，反射着太阳照过来的光，照在波光粼粼的水面上，形成一段一段浅黄色的细线。

山里的夜晚静极了，我们静静地听着月光打在水面上的声音，看着小鱼游泳的快活，闻着小鸟在起飞时扇来的风……

月亮像是长了眼睛，呼扇呼扇地向我们放着电，而我们也配合地被她的姿色迷倒。

这山，这水，这月，这鱼，每一个都美，颤动人的心扉。

夜晚的天空是黑的，我的眼睛也是黑的，但是虹膜上却有一抹淡黄，那是月亮啊!

古来行客痴盼月，月来山水最招摇……

【点评】

开篇“绿色，青翠的绿色，满山的青翠的绿色”运用了反复的手法，却不是简单地重复，视角慢慢转换，由近及远。“踩着脚下湿软的土地，一路走得飞快”像是借鉴了“忽闻岸上踏歌声”的灵感，突出了作者当时轻快的心情。而前面一系列写景的铺垫，都是在为后文在山谷里看月亮的情节作铺垫，激发出读者的阅读兴趣。结尾一句“古来行客痴盼月，月来山水最招摇”，更是增加了整篇文章的文学气息，韵味无穷。多么难忘的一次游玩经历！

我在长安看月亮

丁卉羽

月朗星稀，这就只是一个普通的夜晚。

皎洁的月光吝啬地发出光芒，不强也不弱，给大地铺上了一层叫朦胧的外套。星星并不多，只在明月旁起点缀作用。虽看星河灰暗，怎料人间竟是灯火阑珊。

我，独自一人，身处世外，凭栏卧饮。与远处的喧嚣并不同，这座不大不小的亭子显得格外冷清。白色的建筑给我带来了压迫，街道上刺耳的喊叫声毫不留情地钻入我的耳膜，从小吃街飘来的食物香味更是让我烦躁不已。我只能拿起酒杯，独饮这杯叫消愁的酒。

亭子周围围绕着不知名的小野花，清香恬淡，深得我心。一人，一酒，一亭，一夜晚，构成了这幅不怎么和谐的画面。独酌之时，抬头忽望月，寒意遍生。自古以来，明月带来的除了向往还有愁绪。我突然想起了远在家乡的亲人。他们熟悉的脸庞时时出现在浓酒未消之时，那么近，却又那么遥远。

我抛开这些，不再想让我伤心之事。衣襟一挥，酒杯在手，为何不痛痛快快地豪饮一番？我醉醺醺地站了起来，上一杯的酒劲还没过，踉踉跄跄之时还扶了一下桌子。我大声地向月亮宣言：请你和我一起为我朝的繁荣昌盛、大好河山，和我的美好前途干杯！我的宣言，如同银针坠入大海，悄无声息，终究是抵不过街道的灯红酒绿。没有关系！影子，你也和我们一起吧！一起加入这无声的聚会。

可是，月亮不能举起酒杯，也不能和我一起饮酒。影子，哎，也只不过是永远效仿着我，却不会成为我。当然，这些又无妨！我只好暂且先与它们相伴。与不可能喝酒的朋友喝酒，与永远沉默着的朋友喝酒，不如这么说，我在和内心中的我觥筹交错，把酒言欢。要行乐，就要及时行乐。忘掉官场的失意，忘掉被人排挤的不爽，忘掉别人眼中的我。我，就是我，一个喜欢追求浪漫，狂放不羁的诗人；一个与世俗背道而驰，不接受别人的冷眼相对的官臣；一个在长安无依无靠，只能在这样的夜晚，独饮浊酒，感慨人生的异地人。

想到这些，我内心好受了许多。这里，没有美食的香气，只有野花的恬淡和我不羁的灵魂。人生啊，不就是在无数个脚印之中找到一条通往死亡的路吗？那我为何不珍惜当下，和影子一起高歌，和明月一起共舞。

这最终会成为一段难忘的记忆，可能我们醒时已对这段记忆淡忘了，各自散去会成为我们的结局。但我李白，仍然愿意永远与你们结下友谊，就让我们相约在虚无缥缈的银河之处吧。

长安的月色，很美，也很心寒。

【点评】

都说李白是谪仙人，酒、诗、剑、歌都是他的标签，他的诗歌也确实充溢着浪漫飘逸的气息。“白色的建筑给我带来了压迫”，白色是颜色，压迫是感受，这里却将视觉和触觉融为一体，由此引出自己漂泊异乡的惆怅思绪。在“我”看来，远在家乡的亲人，他们离自己那么近，又那么远。感觉近是因为每个人都曾经有过和亲人朝夕相处的时光，彼此之间都很熟悉；感觉远是因为离家很久，对家乡的认识也渐渐模糊了。接着，文章结合了《月下独酌》一诗的情节，愁闷中有旷达，把文章的想象推向高潮。

我在青烟里看月亮

王芊霖

窗外夜色宁静，八月十五，中秋之夜的月总是那么圆，轻而柔和，写下水波般的透明，轻响。落地窗边摆着的水仙花混为一色，在地上投下影子，微微摇摆。又是一个中秋，又是团圆的时候。

小时候，我与祖母十分亲近，可随着课业的加重，我与她见面的次数愈来愈少，中秋便是一次为数不多的相见时刻。邻里家过节没那么多习惯，可祖母古板，总要自己焚上香在雅室里看月亮，弄得屋里青烟缭绕。我总会想，在屋里，还焚着香，迷迷茫茫的，看的什么月亮。

不久，好奇心格外强的我终于找到了机会，这年中秋，我在祖母身后溜进了雅室，祖母正端着香炉填香粉，示意我噤声，等到香氛燃起，青烟袅袅把窗边的水仙花和窗里的月亮笼罩，才让我开口。淡淡的青烟莫名使我呛了一口，我开始抱怨：“您这看的月亮有什么劲儿，好不容易家里团圆一次，您又要独自来看月亮了，再说，月亮年年如此，总看它做什么……”祖母在青烟后笑了笑，我才发觉，她的气质异如往日，她面对着我，话却不知在对谁说：“着迷了啊，失了心智，总是想看，这青烟里的月亮不好看吗？”

我还在回味，她接着又说：“心智是心在前智在后，还能想起别的，说明还不够喜欢。试试，你看今晚月亮，如何？”“不就是团圆时的圆月吗！”我仍有些不满。“是，可不同人看来不同，快乐的，当晚的月也是快乐的，不悦的，正相反，不是吗？”我觉得那时祖母的笑我从未见过。

“这青烟，让我想起的是老家湖里的雾气和炊烟混成的青烟，那时候啊……”祖母一说老家就停不下来，可我听不进去了，我盯着那点亮了古今无数年的月亮，嗅着那燃了古今几千年的香，想着那弥漫了古今几百年的老家的湖上青烟，我好似抓住了青烟里月亮的美，抓住了祖母话语中的小尾巴。

以后的中秋，我看到的，都是祖母焚着的青烟里的月亮。

直到近年来的中秋，没有了祖母，我回到了老家，坐在了湖边，湖上的烟和香好像啊。只不过，这烟不是祖母焚的，明明是中秋团圆，可我看着青烟里的月为什么不再是团圆，而是对于我阴阳两隔之人的思念？

这香不是祖母焚的，几年今日，恍如今日，那晚我没有开口，只承了满身青烟里的月光。

【点评】

八月十五的中秋夜，家人都欢聚一堂吃月饼、赏月亮庆祝团圆，祖母却喜欢焚上香在雅室里看月亮。青烟像是乡下湖边的袅袅雾气和炊烟，和我静静讲述她童年的回忆。“我好似抓住了青烟里月亮的美，抓住了祖母话语中的小尾巴。”让人感受到了小女孩在语言表达中的俏皮和灵动。“那晚我没有开口，只承了满身青烟里的月光。”像是老电影的结尾，仿佛烟雾缭乱中，一个模糊的身影伫立在远处，余下淡淡的落寞和惆怅，也留存着我对祖母离世的怀念。

我在洛阳看月亮

宋贺

一只将死的寒蝉嘶哑歌唱，一条孤独的小溪默默流淌，一棵苍老的劲松遮住怅惘，一片寥落的月光笼在崖上……

又是洛阳明月夜，夜幕却点缀着几多星辰，大概它们也在团聚吧。悠悠长叹，自主人嵇康“广陵绝散”，士兵嫌我粗劣而丢弃之时，已有数月了，但往事历历在目。望向天空中的明月，我的思绪飘到了那天夜晚。

也是月圆夜，主人一次次用衣袖在我身上擦拭，我联想着之前官员几度拜访却屡屡碰壁，觉察出了什么。但主人的眼中却没有绝望，只是像一盏浓茶，细细品味，淡然，夹杂着无尽的苦涩。

“咚咚”，主人轻轻将我放下，门外是他的妻子儿女。他们站得这么近，却仿佛隔了重山，只能对望，妻子几次欲要张口，也终是忍住了。良久，妻子默默点头：“我尊重你的选择。”随后把小儿子推到主人面前。

主人看着尚未懂事的儿子，并没有过多的叮嘱，也没有编造善意的谎言，只是轻轻揉揉他的头："山涛在，你不会成为孤儿了。"

掩上屋门，也不管他们将乘何物，前往何方，只是继续在我身上擦拭……夜渐深了，田间庄稼睡了，山中古树睡了，家中唯一的一盏灯睡了，我也伴着杂乱的虫鸣睡熟了，可是，为什么我觉得一向潇洒的主人此刻落寞又寂寥呢？想不清楚，只知道熟睡中几滴苦涩的浓茶落在我身上。

我醒的时候，已经到了菜市口。远远地，望见了刽子手，刀背上寒光一闪，映出无数学士悲伤的眼。

主人席地而坐，轻轻拂起《广陵散》，我自然也是全力配合，我知道，以后恐怕再没有合奏的机会了。

乐曲时而凄凉，时而婉转，时而激昂，时而愤慨，好似是对统治者不分是非的痛斥，荡在天地间，就连普通人都能尝出苦涩。一曲奏罢，余音却还盘旋，刽子手好像都痴了。

"动手罢。"主人轻声念道，好像在说一件无关紧要之事，"只是苦了这曲《广陵散》啊，当初不愿传授，如今，便要随我消散了……"说罢，他又最后一次拂了拂我，说不出的忧愁。

……

又是洛阳明月夜，我望着这片山水，怀想过往。一袭白衣晃过，席地而坐，轻轻将我身上尘土拂去。眼前的人飘飘荡荡，看不真切，却弹出了那本该绝迹的节奏，我熟练地颤动着，曾经的记忆一层层浮现，倘若我也有泪腺，早就会热泪盈眶了吧。繁星闪烁，原来是明月的泪水。

只听一声幽幽叹息："我早该料到的！既然他同此曲一般，也就有着这般不肯瓦全的结局的！罢了！可惜啊……"

又是洛阳明月夜，我抬头仰望……

【点评】

读罢全文，嵇康的广陵绝唱仿佛还回荡在读者耳边，余味悠长。另外让人动容的一个地方，还有文中一笔带过的，嵇康和山涛之间的真挚情谊。同嵇康一样，山涛也是位列竹林七贤的名士。当时朝政日渐衰败，嵇康的好友山涛投靠司马氏为官，但出身寒门的嵇康却显示出了拒不合作的态度，还写下了《与山巨源绝交书》以证清白气节。表面上虽然是绝交于江湖的陌路之人，内心深处却蕴含着最深的懂得，嵇康在临终前把自己年仅十岁的孩子托付给山涛照顾。再历数古代历史上的托孤经历，刘备和诸葛亮、柳宗元和刘禹锡，或许都是受到了这种精神的影响。

我在桃花源看月亮

徐靓颖

江上的月影被水波晕开，漫上一条南逃时冲来的残破渔船——我的渔船。

晋太元年间北方大乱，我驾船南逃时，所有亲人都早已因战争惨死。

一场场、一番番的酸甜苦辣。初到江南，我急需用钱，就当掉了大部分衣物，以捕鱼为业。

但江南地区多捕鱼卖鱼之人，身为外乡人，想赚到钱自然不容易。于是我白天捕鱼，夜里行船载客，一年下来赎回了大半衣物。

人们常说想家的话就看看月亮，但我不看，不是不想，而是城中带着酒气的月亮早已被乐声遮蔽。

第二年，捕到的鱼越发难以卖出，豪强的垄断让拉客更难。我知道大的江面和水路是拉不到客的，便沿着月光，寻找小溪、小河。

远离城市，月光的反射变得清透，少了酒与胭脂的气息。逆流而上，月影愈发亲近，没了歌曲小调的装饰。

花的香气靠近了我，这香是桃红的，花瓣在月光的擦拭下反出淡粉的影，让我看清两岸是绵延百步的桃林。心中震撼，但更多的是惊异，我继续划船，想找到林子的尽头。

尽头很快出现，在最末几棵桃树后是一座山，溪水在这里也消失了。山左断崖处有一小洞口，月光似乎在洞中穿梭。想着今晚也赚不到什么钱，我就跳下船，摸进了洞口。

很快我就抓住了山洞另一端的月光，月光浸润下是一个村庄——很像我的故乡。

一至深夜，没什么村民，我小心地敲开一家的门户，与主人说明了我一晚的经历。主人很热情，将客房腾出，供我居住。

靠在床上，我久违地看了一眼月亮，是因为晚上没有拉客后的疲倦而倒头就睡，所以看了月亮；还是刚好床对着木窗，所以不经意地抬头了？我不知道。

但我记得，桃花源头那小村庄的月亮是洁白甘甜的，而那时的我很开心。

【点评】

这篇文章的写作灵感，来源于大家都非常熟悉的《桃花源记》。开篇交代写作背景；“晋太元中，武陵人捕鱼为业……”并在此基础上进行了扩展和改写，融入了生动的小细节，增强文章的立体感。“人们常说想家的话就看看月亮，但我不看，不是不想，而是城中带着酒气的月亮早已被乐声遮蔽。”这一句的叙述引人深思，既点出社会上豪强垄断的现状，也暗示了“我”内心的无奈。另外，本文对月光的描写也是一绝，如“月光似乎在洞中穿梭”“抓住了山洞另一端的月光”“月光浸润下”，都让人不由自主地赞叹作者高超的写作功底。

我在倒影里看月亮

刘苏仪

月亮很美，像穿着一条纱裙，风吹过，裙子便随风飘舞，像个情窦初开的小姑娘，遮遮掩掩，在云的后面躲躲藏藏，真是美极了……

小时候很天真，我觉得它没我的月亮好看！

我的月亮在一个小盆里装着，它的身边也有很多细碎的星星，背后也有像墨汁一样黑的幕布。它比天上挂着的月亮还要羞涩，我偷偷地伸出手，怕被它看见，轻轻地点触一下，它就泛起圈圈涟漪，一直“发抖”。真是可爱至极！

小时候我的月亮会长大。我遇见它，是在露营的时候。它好像迷路了，被困在爸爸的茶杯里，那么小，看爸爸想要喝下去，我当即拦着，还说谎道：“爸爸，我有些口渴，想尝尝你手里那杯茶，可以吗？”拿到后我只小呷一口，生怕把小月亮也给喝下去了，后来我把它装进了我的杯子，它好像特别开心特别欢喜，在我没留神的时候就长大了一圈！我小心翼翼地拧紧瓶盖，将它放好。那天晚上，我还看到了小水坑里的月亮和池塘里的月亮。

长大以后，来到了大海前。那孤寂的深蓝色夜空，把大海也衬得深蓝，我坐在海边的沙滩上，脚下是细沙。

“海光潋滟月团圆，一颗明珠落玉盘。”抬头望天空：月亮被云遮去了半边脸颊，但月光着实顽强，照在深色的海平面上，有个浅浅的月牙。夜晚偶尔刮几阵海风，吹皱了海面，吹散了月牙，也吹走了遮住月亮的云。一束束月光撕碎如过期纯牛奶般黏腻的云霾，轻轻地，如羽毛飘落，落在海中央。没有海风，那个月亮就在海上静静地漂着。

又想起小时候那个在水杯里小小的月亮，它好像还是那个月亮，只不过又长大了不少。这个倒影里的月亮像是天上月亮的分身，但没有承载着哀愁、团圆、期盼、思念这样的感情，只是默默地陪伴着我……

【评语】

文章开头，把月亮比作情窦初开的小姑娘，加以遮掩躲藏的动作，字里行间透露出了月亮的俏皮，也让读者感受到了文字背后的作者的童趣。这一点很难得，现在太多孩子活得很沉重，一写作文，就习惯“小题大做”，就非要喊个口号表个决心，或是一定要从简单的故事中升华出令人深思的哲理，得到指导人生的结论，如此便略显刻意。文无定法谁都知道，可是为什么很多同学一写起作文，就常常千篇一律呢？可能很多同学会问：这篇文章中心思想是什么？我觉得，是真实，是一个孩子单纯地喜欢看倒映在水中的月亮的真实。

正如本文结尾所说，倒影里的月亮并没有承载着哀愁、团圆、期盼、思念那么厚重的情感，只是陪伴着“我”成长，淡淡的叙述反而显得文风更加真挚自然。

我在鹅湖看月亮

王远川

夜色浓了起来，好像被抽干水分的墨汁，天空中一轮孤独的明月，无力地把重重黑云撕出一道小缝，顽强地透出一线洁白的月光。

我坐在山顶上的小亭中，望着山脚下的鹅湖，湖面漆黑一片，只有远处那两三点渔火和那一线月光相伴。我无奈地叹了一口气，右手提起一只青瓷壶，左手拿起一只青瓷杯，慢慢倒满一杯酒，这一杯敬月光，敬这“对影成三人”的孤独。

忽地一阵大风吹过，这声音，好像在哪里听到过？是在我北方的故乡吗？

当年也是一个这样的夜，同样的月光，同样的大风，只是四周多了阵阵急促的马蹄声。人人都衔枚疾走，不闻号令，但闻人马之行声。我抬头看了看月亮，它是那样洁白，但这洁白中明显多了几分肃杀之气。

后面金人追兵的人喊马嘶渐渐听不到了，我勒住马头，整了整腰间的宝剑，又看了看前面马上绑着的叛徒张安国，“你张安国出卖义军，你以为逃到金兵那里就安全了？金军数万人的大营又怎样？我辛弃疾只带五十人，一样杀得进去，还能杀得出来！”

“休息片刻吧，”我低声对周围的义军兄弟们说道，“后面还有很长的路要走。”大家都翻身下马，拿出水壶和干粮，而我却走上了旁边的一个小丘，盯着金兵可能追来的方向，随便看看那夜空里的月亮。

这时的月已经从中天滑落到远处的山顶之上，原本黑漆漆的山峦上好像罩上了一层薄薄的银纱，朦朦胧胧的看不太真切。山下是大片大片的麦田，麦子已经快熟了，但在这如水的月色里却看不到金黄，风一吹过，沙沙作响。多好的江山啊，这是我们的家园，但我们此刻却不得不逃亡。

“继续赶路吧！”义军兄弟们都已休整好了，我从小丘上跳下来，与大家一起发誓，“金人占我故乡，我们终会把他们都赶回老家！”

这誓言，仿佛还在耳边回荡，但我做到了吗？这已经是我闲居在鹅湖的第几个年头了？只有在梦中，才能回到那吹角连营啊！

一仰头，又一杯冷酒下肚，千言万语只能再化为一声长叹。

陆游说：“此生谁料，心在天山，身老沧州！”

陆兄此刻许是还在沧州。

我辛弃疾在鹅湖。

不一样的地方，却是一样的心情，看着一样的月亮。

天上的月亮终于摆脱了云层的纠缠，透出如水波般的光芒，映在湖面上，映在我的酒杯里，应该也映在我那回不去的故乡吧……

【评语】

辛弃疾青年时参与耿京领导的起义，不料耿京被叛徒张安国所杀。辛弃疾带五十人夜袭金营，擒杀叛徒张安国。他立志恢复中原，但后来因为与当政的主和派政见不合，屡遭贬谪，落职后闲居于江西鹅湖一带。作者把自己代入辛弃疾的视角，静谧的月夜，即使再微小的风吹草动，也能联想到曾经北方故乡的声音，这一细节实在是妙。结尾一句“天上的月亮终于摆脱了云层的纠缠，透出如水波般的光芒”看似写景，实则暗示了辛弃疾对摆脱当下困境、破敌救国的渴望，鹅湖的月亮因此也被赋予了更丰富的想象空间，文章的主题也被推向了一个新的高度。